生涯現役9つの秘訣

エイジレス成功法

How to be Successful Throughout Your Life

Ryuho Okawa
大川隆法

まえがき

この『エイジレス成功法』の原稿案と表紙デザイン案が手元《てもと》に上がってきた時、小躍《こおど》りして喜んだ。今まさに必要とされている本だし、現代的な「救世の法」の一部でもあろう。若い頃は悲観的な考え方をしがちだった私も、人生をトータルでみると、おおむね楽天的に生きている。

例えば昨日は、フランス語と政治学の勉強後、実年齢二十九歳下の妻とトム・クルーズの「ミッション・インポッシブル」を映画館で観て、英語が全部聞き取れることを確認した。その後、「筋肉の質と位置」を少し調整すればトム・クルーズと同じ体型になると話しながら、二〜三㎞散歩した。夜は、北川景子二十一歳時の初主演連続ドラマ「モップガール」の研究を進めた。その後、刷り上がったばかりの二冊の本を精読し、『黒帯英語五段・第7巻』を少し書き進め、腹筋五百回と、空手の正拳突《せいけんづ》き四百回をして寝た。今朝目覚めると、トイレでドイツ語会話の本を十分《じっぷん》読み、朝風呂で十五分ぐらいドイツ語会話のCDを聞いた。その後、本書の原稿のゲラ校正をしながら、少量のパンとコーヒーの朝食をすませた。

ある日の平均的な二十四時間の過ごし方である。

映画研究の時間が少し多くなってきているが、映画製作も十作目ともなればやむをえないだろう。それでも老眼鏡もかけず、年間二千五百冊〜三千冊ぐらい読むペースで、しっかりした学問的な本を読み続けている。

頭は今のところ学生時代と比べても悪くなっていないし、判断力や洞察力《どうさつりょく》は高まっている。体力、ウエイト共によく維持《いじ》コントロールできている。やっと『エイジレス成功法』を説く資格が出てきた状態だ。この本も読者に決して損をさせない一冊だ。老いて手にすれば百万両。若くして手にすれば「富《とみ》、無《む》限《げん》」だ。立ち読みなどしてはいけない。買って帰って、毎年繰り返して読み直してほしいと思う。

二〇一五年　九月二日

幸福《こうふく》の科学《かがく》グループ創始者兼総裁《そうししゃけんそうさい》　大川隆法《おおかわりゅうほう》

エイジレス成功法　目次

4

最先端《さいせんたん》医学を超《こ》える「宗教」の治癒力《ちゆりょく》　64

第2章　シニア・リーダーの条件

第3章　エイジレス成功法Q&A

第1章

晩年成功法

二〇一三年一月二十七日　説法《せっぽう》

栃木《とちぎ》県・幸福の科学　総本山《そうほんざん》・正心館《しょうしんかん》にて

1 「生涯現役人生《しょうがいげんえき》」が日本を救う

「長く現役《げんえき》で働き、ピンピンコロリと逝《い》く」のが最終目標

本章のもとになる法話《ほうわ》は、寒い季節に行われたので、遠隔地《えんかくち》から参加された人は大変だったかと思いますが、やはり、晩年の健康のためにも、「体をケアしつつ頭を使う」という訓練がよいのではないかと思います。

本説法《せっぽう》は、拙著《せっちょ》『生涯現役人生《しょうがいげんえき》』（幸福の科学出版刊）がテキストになっていますが、同書のサブタイトルは「１００歳《さい》まで幸福に生きる心得《こころえ》」です。かなりホラを吹《ふ》いているように見えなくもない本ではありますが、ある意味では、

これが、この国を救う一冊であります。

もし、額面《がくめん》に偽《いつわ》りなく、このとおり生涯現役人生で、百歳まで幸福に生きることができたら、みなさんの、この国に対する貢献《こうけん》は極《きわ》めて大きなものになります。

なぜなら、今、この国は、ほとんどこの問題に〝取り憑《つ》かれて〟いる状態だからです。

子供は減っているし、かつては「高齢《こうれい》化・社会」といわれていたのが、今でははっきりと「高齢社会」となっています。さらに、医学が発展し、頭のよい人が医学部に行っては寿命《じゅみょう》を延ばしてくれるものですから、なかなか死ねなくなり、どんどん寿命が長くなって、「年金保険料が払《はら》えない」「医療費《いりょうひ》が払えない」「若い人が減っていく」ということが起きています。このままでは、国から脱走《だっそう》する人が出てくる恐《おそ》れは極めて高いでしょう。

この問題に対する答えの一つが、「生涯現役人生を可能だと考える思考」から始まるということです。

この考えで行けば、今、政府が一生懸命《いっしょうけんめい》に言っているような、「社会保障をしなければいけないから増税が必要であり、そのためには消費税を上げ、高額所得者から税金を取り、さらに相続税からも〝ピンハネ〟する」というようなことは、すべて要《い》らなくなってくるわけです。

「長く現役で働き、できれば収入を伴《ともな》い、できれば寝込《ねこ》むことなく、ピンピンコロリと逝《い》く」というのが、宗教の最終目標に近いあたりかもしれません。

しかも、おまけに、このような生き方ができれば、天国に還《かえ》れる可能性が極めて高いので、地獄《じごく》へ行く人口も減る可能性が非常に高いのです。本当にいいことずくめです。

『生涯現役人生』は、「ぜひとも、そのようになりたいものだ」という祈《いの》りを込めるようにしてつくった本です。できれば、この本こそ、これから高齢社会に入っていく日本の人々に数多く読まれてほしい本だと思います。

幸福の科学立宗《りっしゅう》の年、三十歳《さい》で「百歳の幸福」を考えていた

本章の話に先立ち、晩年の生き方や生涯現役に関する本などを読んでいました。そのなかで、昔読んだ『百歳《さい》の青年二人、大いに語る』という本の読了日《どくりょうび》を見ると、「一九八六年」と書いてありました。これは、幸福の科学立宗《りっしゅう》の年です。本の後ろには破られた値札《ねふだ》の跡《あと》があるので、古本屋で買ったものに違《ちが》いないと思われます。

いずれにしても、立宗の年に、私は「百歳まで幸福に生きる方法」を研究していたということになりますから、この「先行性《せんこう》」「戦略性」は、そうとう高いでしょう。幸福の科学がまだ動いていないうちに、すでに百歳という年代の研究に入っていたわけです。そのころは、まだ三十歳ぐらいだったと思いますけれども、「三十歳にして百歳の幸福を考えていた」ということですので、これが、人を教えるに足る先行性なのです。

普通《ふつう》、三十歳の人は、せいぜい四十歳ぐらいまでのことしか考えられないものです。しかし、そのころの私は、すでに、「どうすれば人は百歳まで幸福に生きられるか」を研究していたわけです。

やはり、この早さが大事なところになります。いろいろと研究しつつ、さまざまな人を実験材料としてジーッと長らく観察し、「どういう人が、どのようになっていくか。どういう考え方で、どういうことを話し、どんな生き方をしている人が、どのようになっていくか」ということをずっと眺《なが》めていくような、「観察者としての目」を持っていることが大事なのです。そうすると、だんだん、そこから「一つの法則」が導き出されてきます。

発足《ほっそく》当初は「人生の大学院」と名乗っていた幸福の科学

以前、ある人から聞いた話によると、「知り合いの八十二歳の女性の方は、先生の説法を聴《き》かれるときには、毎回、ノートを広げ、丁寧《ていねい》にピシーッと書いておられるんです。あれにはいつも感心させられます」とのことでした。

八十二歳ということは、おそらく、幸福の科学が始まったころには、すでに五十代後半から六十代ぐらいの年齢になっていて、そこから仏法真理《ぶっぽうしんり》の勉強を始めたのだろうと推定されます。その人が、「若い人たちはいいですねえ、若いうちから先生の話が聴けて。私はちょっと遅《おそ》かったので、今、一生懸命にノートを取って、覚《おぼ》えて、来世《らいせ》生まれ変わるときには、いい人生を生きたいんです」とおっしゃっていたそうなので、まことにありがたいことだと考えています。

思い返してみれば、一九九〇年代の前半には東京ドームで講演会を行っていましたけれども、講演中は座席のほうの照明が落ちていて薄暗《うすぐら》い状態だったにもかかわらず、みなノートを開いて、メモを取っていたのです。東京ドームで五万人がノートを取っているのには、私自身、講演をしながら、「これは何だか異様な雰囲気《ふんいき》ではあるな」と感じました。要するに、ちょっと場違いなのです。

普段《ふだん》は、球《たま》をバットで打ったり、飛んできた打球《だきゅう》をキャッチしたりする場である東京ドームで、大勢の人がうつむいてノートを取っている様子は、何とも言えない異様な雰囲気がありましたが、迫力《はくりょく》はありました（笑）。

幸福の科学では、若い人もお年を召《め》した人も、みな、学習者として生きています。設立当時は、「人生の大学院　幸福の科学」と名乗っていたのですが、弟子《でし》から、「『人生の大学院』では人が集まりません」と言われたため、いちおう今の宣伝文句《もんく》からは消えています。

ただ、実際上は、そのとおりに活動しているのではないでしょうか。「社会人大学」でもあるし、学校の勉強が終わった人のための勉強を、ずっとし続けているのだと思うのです。

一生、勉強し続けることができる幸福の科学

幸福の科学のことを宗教だと思って甘《あま》く見ている人もそうといるかもしれませんが、当会は、宗教であって宗教ではなく、一種の生涯学習、社会啓蒙《けいもう》団体としての仕事もしていると、私は思っています。

常に、教養の世界を深めつつ、現在ただいまの問題に取り組み、さらに、未来についても考えている団体ですので、長く勉強を続けるには、実にいいところだと思うのです。

そういう意味では、ほかの宗教団体も、まだ当会の本質を知らないところはあるのではないでしょうか。

それから、マスコミの人たちにも、まだ、当会の本質を分かっていない人が

数多くいるのではないかと思います。

実は、幸福の科学は、「啓蒙団体であり、生涯学習団体であり、人生の大学院であるところの宗教」なのです。すなわち、「一生、勉強」なのです。ですから、若い人にとって勉強になるだけでなく、お年を召された人にとっても勉強になるわけです。

そのため、当会で勉強している人であれば、七十歳、八十歳、九十歳になっても、例えば、休みの日にお孫さんが遊びに来たときに、「おじいちゃん、こんなことを知っているの？」「おばあちゃん、こんなことを知っているの？」と言われるようなことが、けっこう出てくるでしょう。そんな団体だと思うのです。

そういう意味では自信が出てきますし、若い人が「まさか、こんなことは知らないだろう」と思うようなことも知っているので、胸を張れるところがあります。

若さを失わないよう、「三十歳《さい》年下の人」と友達になる

ただし、自分が最近知ったばかりのことを、若い人のほうが先に知っていたということも、たまにはあります。それでも、できるだけ負けないようにしたいと思っています。

私は、三十代から二十代、十代の人とも、できるだけ話をしています。頭が古くならないように、若さを失わないように、彼らの考え方が分かるように、話をするようにしているのです。

ところが、私の周《まわ》りにいる同世代の人を見ると、だいたい、年齢が五歳《さい》違う

と話が合わなくなる傾向《けいこう》があります。こういう人は、会社人間的な、年功序列で生きている人々です。年齢差五歳ぐらいまでしか話の幅《はば》がなく、それを過ぎると話が合わないというか、気分が悪くて、話ができないような人が多いのです。

これについては、私は以前から、「この壁《かべ》を破らないと駄目《だめ》ですよ。三十歳ぐらい下の人と友達になりなさいよ」と言っています。

もちろん、三十歳年下に限らず、四十歳でも五十歳でも構いません。そういう人たちと交流できる、要するに、話の交換《こうかん》ができるということは、頭を活性化させるためには非常によいことなのです。

若い人たちに、いろいろと訊《き》いたらいいのです。今、流行《はや》っていることや、どんなことを考えているのかなど、彼らの考え方を訊けば、いくらでも答えてくれます。こちらが一方的に話していると、何も言ってくれませんけれども、訊けば答えてくれるので、「若返《わかがえ》り」としては、やはり、そういうところが大事でしょう。

若い世代の意見を聞くことで自分も若返る

当会の幹部についての話をすると、ターゲットが絞《しぼ》られても気の毒なので言いにくいのですが、私と同世代の人は、みな、けっこう年を取っています。該当者《がいとうしゃ》の数が少ないので、あまり言うと対象が絞られてくる可能性があり、そういう人にはお許しいただきたいのですが、私の年齢ぐらいになると、非常に老《ふ》けているわけです。

私からすれば、「なぜそんなに老けているのか」と思うほど老けているわけですが、それが普通なのです。同年代の人と話が合うレベルで成長してきていると、たいていはそのようになります。

若い人から見ると、だいたい、「全然聞く耳を持たない頑固《がんこ》おやじ」になっているのですが、自分ではそれが分からなくなっていて、仏教的に言う、いわゆる「有《う》」の状態になっているのです。つまり、すでに固まっていて、この固まりを変えることができない状態になっているわけです。

例えば、当会では、若い人が、私と同年配ぐらいの幹部に相談をすると、「そんなことは考えられない」「信じられない」「それを聞くことはできない」「とてもできない」などと言われるけれども、そこを通り越《こ》して私のほうに訊くと、「ああ、いいんじゃない。面白《おもしろ》いじゃないか。やってみたら?」と言われるような現象が、数多く起きています。

そのため、今、幹部に若い人も立てています。そうしないと風穴《かざあな》が開《あ》かないので、そのようにしているわけですが、お互《たが》いに刺激《しげき》されるものはあります。そのあたりのことが大事なのではないでしょうか。

ただ、なぜかは分かりませんが、私はそれほど年を取らないのです。みなさんにはまことに申し訳ないことなのですが、なぜか年を取りません。どうすれば年を取れるのでしょうか。どうもおかしいのです。

そもそも、当会では、「六億年前」とか「三億年前」とかいった大きな話をしたりしていることもあって、もはや、年齢などどうでもよくなっているわけです。

「生涯現役人生」というテーマの本を出すことも、普通は度胸が要《い》るのかもしれませんが、本人がまったく気にしていないので出せるところがあるのです。

生涯現役の秘訣 1

「三十歳《さい》年下の人」と友達になろう。

2　晩年成功の秘訣《ひけつ》

成功パターン①――生涯現役《しょうがいげんえき》で働き続ける

そのようなわけで、いろいろと勉強し、研究した結果、「生涯現役《しょうがいげんえき》」とはいっても、ただ生きているだけでは駄目《だめ》なので、やはり、「晩年成功法」のほうに話を持っていかなければいけないと考えています。

しかし、客観的に見て、「晩年に成功した」と言えるところまで行く人は、百人に一人もいないかもしれません。「晩年に成功しました」と胸を張って言える人は、それほどにはいないのではないでしょうか。

しかし、考え方を変えれば、ここにはまだまだ〝肥沃《ひよく》な大地〟が眠《ねむ》っているとも言えます。耕せば、まだまだ作物が実り、黄金《おうごん》がたわわに実るような、そういう世界なのです。

ただ、「晩年」というのを、どこから線を引いたらよいのかは、今、非常に難しくなっています。この「晩年」がだんだん上がってきつつあるので、どこからそう呼べばよいのか分からないところがあるのです。年上の人から見たら、その下の人は晩年に当たらないというように、みな考えるため、難しいわけです。

したがって、「現役であるかぎり、晩年なるものはない」というように考えても結構かと思います。

そして、望むらくは、年を取っても仕事があり、その仕事が何らかの収入を生むものであれば、ありがたいものだと考えます。

年を取っても仕事があり、その仕事が何らかの収入を生み、周りにそれほど迷惑《めいわく》をかけることなく、元気でかくしゃくと生きているのはありがたいことです。そして、あまり悪口を言われることもなく、ある日突然《とつぜん》、「さようなら」と言える人生が望ましいでしょう。

成功パターン②――若いうちから「人生設計」をして晩年に備《そな》える

こうした人生がよいと思うのですが、そうでなくても、晩年になって他人様《ひと》に迷惑をかけないよう、「アリとキリギリス」のアリのように、晩年に備《そな》えて、若いうちからきちんと十分に人生設計をし、あまり悩《なや》むこともなく、迷惑をかけることもなく、長く病気をすることもなく死んでいけることも、「次善《じぜん》の策」

としてはよいかと思います。

これは、つまり、「ある程度、財産をつくっておくか、老後の生活ができるような態勢をつくっておく」ということです。こうしたことも大事かと思います。

成功パターン③――上手《じょうず》に子育てをして「親孝行な子供」をつくっておく

また、別の道としては、「上手《じょうず》に子育てをして、孝行息子《むすこ》、孝行娘《むすめ》をつくっておく」ということも、晩年成功のための大きな秘訣《ひけつ》です。

ただし、全員が全員、いいようには育ちません。確率は、半分ぐらいです。「二人産んだとしたら、一人は親不孝者で、一人は親孝行者」というのが、だいたい普通《ふつう》です。ですから、一人しか産んでいない場合には、「百パーセント・オア・ゼロパーセント」、「オール・オア・ナッシング」になる可能性があり、〝賭《か》け〟になります。

しかし、二人いれば、「どちらかが悪ければ、どちらかがよくなる」というようになることも多いので、一人でも親孝行の子供がいたら、それが息子であっても娘であっても、非常に幸運なことです。晩年、孝行息子や孝行娘が一人でも残ったら儲《もう》けものであり、ありがたいことなのです。これは、教育の仕方によるでしょう。

では、どういう人が子供として望ましいかというと、親からすれば、本当にささやかなつまらない行為《こうい》だったのに、子供のほうは、「どれを取っても大切に扱《あつか》ってくれた」と、恩に着るような気持ちになっている人です。

小さいころや子供時代に経験したことは美化しやすいので、「親にずいぶんお世話になったなあ。本当に、親孝行しなければいけないな」という気持ちが、自然に湧《わ》いてくるように育てることができれば成功です。

一方で、親のほうから、「おまえのために大変だったんだ」というようなことを恩着せがましく言うと、だいたい子供は寄りつかなくなり、だんだん逃《に》げていくようになります。

これは、ほとんど法則と言えるでしょう。子供に対して、「おまえのために、自分がいかに大変だったか」ということを言うと、寄ってこなくなります。たいてい、悪口を言われるか、逃げられるか、何かほかの価値観のほうに惹《ひ》かれていくようになるのです。

これは、今から百年以上も前に、二宮尊徳《にのみやそんとく》先生が言われているとおりであり、

「たらいのなかの水は、手前に引こうとすると逃げていく。向こうに押《お》すと返ってくる」というようなことを、たとえ話として言っています。

「水は、こちらに引き寄せると逃げていき、向こうへ押すと返ってくるもの」というのは、つまり、「与《あた》えきりのつもりであげると戻《もど》ってくるが、『元を取ってやろう』と思って頑張《がんば》ると、逃げていく」ということであり、こういう法則が、親子の関係でも成り立つわけです。

このあたりについては、やはり、人生の有段者としての智慧《ちえ》が必要なのではないかと思います。

恩着せがましく言われても、それを気持ちよく感じ、そのとおりだと思って納得《なっとく》して、自然体で「親孝行したい」と思う人は、今の時代、それほどいるものではありません。

逆に、「あんなのは大したことではなかったよ。育てるのは楽しみだったし、自分も、それが幸福だったよ」というように言ってくれる親のほうが、子供としては、親孝行したくなる気分になることが多いのです。このあたりのことを、しっかり知っておいたほうがよいでしょう。

体の衰《おとろ》えは「意志の力」「志《こころざし》」で克服《こくふく》できる

また、年齢《ねんれい》とともに、さまざまな現象が出てきます。体の不調から始まって、脳がだんだん傷《いた》んでくるなり古くなるなりして、いろいろなものが分からなくなったり、目が衰《おとろ》えたり、意志力が弱くなったりするのですが、その大部分は、「意志の力」「志《こころざし》」で克服《こくふく》できるものです。

その人に志があり、「自分には、まだ何か成し遂《と》げたいものがある」と思っている人というのは、まだ燃えている炭火《すみび》のようなものであり、そう簡単に消えないところがあります。

しかし、例えば、会社であれば、六十歳《さい》あるいは六十五歳ぐらいで定年がありますけれども、それを「人生の終わり」というように思ってきた人には、もはや残りがなくなり、消えていくようなところがあります。それからあとのところについて考えていない人には、非常に厳しいものが来るかと思うのです。

人生を「複線型」に考え、次のステップの準備をしておく

実際に、「生涯現役」で生きている人を見ても、たいていの場合は、自由業系の人であることが多いのは事実です。会社系のものでも、自分で始めた自営業のようなものであれば、長く続けられる傾向《けいこう》は強いでしょう。

しかし、大きな組織に勤めているような人の場合、「生涯現役」とは言っても、なかなかそのようにいかない面もあるので、どこかで次のステップを踏《ふ》まなければいけないことがあるわけです。

そういう人が「生涯現役だから、死ぬまで勤めたい」と願っても、今いる会社のほうからは、「うちには社員が一万人もいます。そこまで働かれた場合、そのあとはどうするのですか。新入社員の採用を止《と》めなければいけなくなりますよ」などと言われるようであれば、多少迷惑がかかりますから、どこかで切り替《か》えないといけません。

要するに、仕事場を変えなければいけないことも、当然あると思うのです。新しい職場ならば、それなりの場所で、また落ち着きがある場合もあるでしょう。

そうであれば、定年が来る前に、次のステップのための準備、備《そな》えをしておく必要があります。今の職業ではなく、ほかの道でも生きていける技《わざ》を磨《みが》いておくことが大事になるわけです。

これに関しては、技術なり、何らかの資格なり、あるいは、十分に生きていけるだけの財産がすでにあるなら、「若いころにやり損《そこ》ねたことを、もう一回やってみる」ということでも構わないでしょう。特にお金には苦労しないのであれば、「実は、若いころ、これをしてみたいと思っていたのだ」というものを始めてみてもよいかもしれません。

人生は一本だけではいけない場合もあるので、「複線型」に考え、切り替えポイントを考えておく必要があります。その意味での「戦略性」というものが、非常に大事になってくるのです。

生涯現役の秘訣 2

人生を「複線型」に考え、次のステップの準備をしよう。

3 何歳《さい》からでも社会に貢献《こうけん》できる

「生涯現役《しょうがいげんえき》」の一つのモデルである「宗教家」

宗教家というのは、わりあいと「生涯現役《しょうがいげんえき》の元祖」のようなところがあります。宗教家には、死ぬまで現役という人がわりに多いので、私自身、「生涯現役」について語る資格があるとは思っています。

年を取れば取るほど値打ちが出てくるものとしては、一つには宗教家があるでしょう。その次には、政治家がそのように言われることもあります。

「五十、六十は洟垂《はなた》れ小僧《こぞう》」というのは、政治家にも当てはまることですが、その政治家も、宗教家には敵《かな》いません。宗教家には、百歳《さい》を超《こ》えても、もっと威張《いば》っていることがよくありますが、政治家で百歳を超えても威張っている人は、さすがにいません。

年を取ると値打ちが出てくるというのは亀《かめ》のようなものですが、毎年、年末に、その一年を表す漢字を書いている清水寺《きよみずでら》あたりでも、百歳の僧侶《そうりょ》など、だいたいそのくらいの人もいました。

それでもやはり、いちおう競争はあるので、生き残れる人は少ないのだろうとは思います。途中《とちゅう》で小さなお寺に出されたり、いろいろあったりして、消えていってはいるので、最後まで残る人は少ないのでしょうが、「生涯現役」の一つのモデルは、宗教家であると思うのです。

また、今から二千五百年ほど前のインドにおいて、釈尊《しゃくそん》が八十歳と少しぐらいまでは生きていたと言われていますが、この年齢《ねんれい》は、現代に換算《かんさん》すると百二十歳に相当するらしいので、けっこうな長寿《ちょうじゅ》です。当時の生活レベルや食糧《しょくりょう》事情などから見ると、八十歳で現役というのは、現代では百二十歳の現役に相当するらしく、なかなか貴重《きちょう》なことであったようなのです。

晩年には、従弟《いとこ》の提婆達多《だいばだった》による教祖奪取《だっしゅ》運動をはね返し、譲《ゆず》らずに頑張《がんば》っていましたが、提婆達多が「教団の主導権を俺《おれ》によこせ」と言ったときというのは、釈尊が七十二歳のころだと言われているので、それから、まだ八年以上も教祖をしていたわけです。

そして、最期《さいご》は、故郷《こきょう》への旅の途中、クシナガラで亡《な》くなられたことになっていますが、これは、まさに「生涯現役」でしょう。最期の説法《せっぽう》までお経《きょう》に遺《のこ》っていますから、まことに「生涯現役」そのものだと言えます。

当会にも、「百歳まで生きる会」（満五十五歳以上の信者を対象とした集《つど》い）がありますけれども、私自身、もし、「六十代の法」「七十代の法」「八十代の法」、さらにそれ以降も説いていくことができれば、人類に寄与《きよ》するところは大《だい》であると思っているので、楽しみにしています。

「社会に貢献《こうけん》しつつ収入を得られる仕事」の研究を

みなさんも、できるだけ頑張って、かくしゃくと活躍《かつやく》し、活動資金を自前《じまえ》で稼《かせ》げるぐらいのことはできないか、智慧《ちえ》を巡《めぐ》らせて研究することが大事です。小さなものでも、何らかの収入を生むような仕事を見つけるのは大事なことだと、私は思います。

修道院などでは、収入があまりなく、お布施《ふせ》も大してないので、修道女《しゅうどうじょ》がク

生涯現役の秘訣 3

「社会に貢献《こうけん》しつつ収入を得られる仕事」の研究をしよう。

ッキーをつくって売ったりしています。ささやかではありますが、修道女たちが手焼きのクッキーを売ったりしているのです。あるいは、本屋を開いているところもあり、宗教書、キリスト教の本を売っているところもあるようです。

そのように、彼らもチョロチョロと活動しているのです。

もう、プライドなど言っていられないでしょうが、「何らかの仕事で社会に貢献《こうけん》しつつ、収入を得られる」というものがあると、やはり心強いことは確かです。そういうものは、本当にありがたいことだと思います。

したがって、そのあたりのことを、いちおう考えておくとよいでしょう。

「シニア世代」と「若者」の両方の努力が、よい社会をつくる力になる

もちろん、優秀《ゆうしゅう》な息子《むすこ》や娘《むすめ》をつくり、「お母さん、お小遣《こづか》いなんか幾《いく》らでも

あげるよ」と言ってくれるような状況《じょうきょう》で、安定供給が確保されている場合は、それでも結構かと思います。

しかし、それとは逆に、親のほうにお金がありすぎて、年を取っても子供に出し続ける場合は、子供にとってはあまりよくないこともあります。

近年、総理をされた人でも、「母親から、月に千五百万円も小遣いをもらっていた」などという人がいましたが、自立していませんでした。おばあさんにもなる年齢《ねんれい》の人から、そんなに小遣い、選挙資金をもらっているようでは、やはり、一国の経営は難しかったようです。中国等へ出掛《でか》けていっては、謝罪外交をしていたため、「彼は国を売った。〝売国罪〟で逮捕《たいほ》せよ」などというような話も出ているほどです。

やはり、年を取ったら、「できるだけ自分のことは自分でできるようにしていこう」と、あるいは、収入においても、「できるだけ自活していこう」と考えるようにしたほうがよいでしょう。

一方、若い人たちや壮年期《そうねんき》の人たちは、「やはり、年を召《め》された方や、かつて活躍された方が、晩年、困るようなことがないような世の中にしなければいけない」と考え、そちらはそちらで努力することです。

両方からそれぞれに努力していくことが、よい社会をつくっていくための力になると思います。片方が完全に寄りかかるような関係というのは、あまりよろしくありません。

また、ニュースなどで、「将来的には、若者一人で年寄り一人を背負わなければいけない。高齢者と現役世代の比率が一対一になる」と繰《く》り返し言われると、本当に、生きることが罪悪のように聞こえたり、長生きすると、何か悪いことをしているように聞こえたりします。それは悔《くや》しいことですから、やはり、そういうことは言わせたくありません。

したがって、できるだけ、晩年に社会貢献ができるような体制を敷《し》きたいものだと思います。

アルジェリア人質《ひとじち》事件の日本人犠牲者《ぎせいしゃ》に感じた「侍《さむらい》の姿」

本章のもとになる法話《ほうわ》を行った数日前には、アルジェリアで、アラブ系の武装ゲリラの襲撃《しゅうげき》を受け、あるプラント会社の社員など、日本人が十人ほど亡くなる事件がありましたが、亡くなった人のなかには、五十代から六十代の人がかなりいました。最高顧問《こもん》で元副社長という方もそこで亡くなりましたけれども、六十六歳だったようです。

これは、だいたい子育てが終わった世代ではないかと思います。子育ての終わった世代が、〝戦士〟としてアルジェリアまで攻《せ》めに行っていたのでしょう。ですから、私は、ある意味で、彼らは〝侍《さむらい》〟だと思います。亡くなられたのは残念ではあるけれども、「ああ、侍がまだ生きていた」という感じを受けました。

普通《ふつう》は、六十六歳にもなって、単身《たんしん》でアルジェリアになど行けるものではありません。ところが、行って仕事をしていたのです。現地の発展を願ってやっていたのでしょう。殺されてしまったことはどうしようもないけれども、やはり侍だと思います。

彼らの子供は、たぶん大きくなっていたのだとは思いますし、もしかしたら、自分の〝死に場所〟を探してのことかもしれませんが、役に立てる技術で世界に貢献しようと思って、戦っておられたのでしょう。その意味で、彼らには後《こう》悔《かい》はないと思います。

また、危険地域であるので、六十歳前後でアルジェリアに赴任《ふにん》する人のなかには、月三百万円も給料をもらっている人もいたようです。普通、日本であればもらえないほどの給料ですが、これには生命保険料が入っていると思ったほうがよいでしょう。アルジェリアとは、そういう地帯なのです。

若い人の場合は、子育てとか、いろいろな問題があるため、それほど多くは行けないところもあったのでしょうけれども、あれは、やはり、どう見ても〝志願兵《しがんへい》〟です。〝志願兵〟があちらに行ったのだと思います。

いずれは死ぬものですから、「お役に立ちたい」という気持ち、志《こころざし》は尊いものだと感じます。あのニュースを観《み》て、「日本国内だったら、まだまだいけるのではないか」という気はしました。

また、向こうへ行った方は、きっと昔にも海外勤務の経験があり、少なくとも英語かフランス語かは話すことができた方々でしょうから、ご立派であったと思います。

あのようなかたちで死んだ場合、地獄《じごく》になど行きませんから、全然問題ありません。あの世では、間違《まちが》いなく、「これは偉《えら》い！」という評価をされます。もちろん、殺しに行ったほうは許されないので、地獄に行くことになるでしょう。

「海外経験が豊富で、語学ができたために早死にした」などという見方をする人もいるかもしれませんが、そんなふうに考えるべきではないと思います。

これからは、海外でも、いろいろなトラブルが数多く起きるかと思いますが、やはり、〝志願兵〟が必要です。

本当のことを言うと、尖閣《せんかく》諸島あたりには、定年退職後の人たちに〝志願兵〟を募《つの》って、住んでもらうのがいちばんよいと思うのです。「死んでもらうことが君たちの仕事だから、ここに住んでくれ。とにかく、『日本人が殺された』となったら、自衛隊も全面的に出動できるので、住んでほしい」ということを頼《たの》みたいぐらいの気持ちがないわけではありません。冗談《じょうだん》が過ぎるといけないので、これ以上言うのはやめますけれども、そういうことです。

強い意志力の下《もと》、七十二歳《さい》まで日本地図を描き続けた伊能忠敬《いのうただたか》

『生涯現役人生』には、作家の宇野千代《うのちよ》や、五十代から勉強し、七十二歳《さい》まで歩き続けて日本地図を描いた伊能忠敬《いのうただたか》についても書いてありますけれども、

この人たちには、なかなか偉いところがあります。

やはり、長く活躍できる人には、普通ではないところがあるのです。「精神力」といい、「自己トレーニング」といい、普通ではないところがあり、また、「生きていく力」、「意欲」、それから「インディペンデント」、つまり、独立した心を持っています。こうしたところは偉いと思いますし、見習いたいところです。

ですから、考え方で人生は変わります。あまり人に頼《たよ》ろうと思っていると、そうはなりません。「こういうふうに生きたい！」と思えば、そうなっていくわけです。

伊能忠敬も、数え年五十一歳、満五十歳ぐらいのころに江戸《えど》に行き、自分よりずっと若い先生について測量術《そくりょうじゅつ》を学んでいます。それから、『生涯現役人生』

には、五十六歳から測量を始めて、七十二歳までかかって日本全国の地図をつくったと書いてあります。しかも、なんと、自分の歩幅《ほはば》で測《はか》って地図をつくったというわけです。

糸や物差しだと、デコボコがあるところでは測れないため、歩幅で測るのがいちばん正確だということで、伊能忠敬の歩幅は約七十センチだったそうですが、正確に七十センチの幅で歩いたらしいのです。

ただ、七十センチというのは、けっこうあります。私でも、歩幅六十センチぐらいで歩いているような感じがするので、七十センチだとけっこうあると思います。つまり、そうとう、タッ、タッ、タッ、タッ、タッという感じで歩いていたということでしょう。それで三角測量をして面積まで出してしまい、その上、ほとんど正確で、現在の地図と変わらない状況だったというわけですから、すごいことです。

途中で病気もしていますけれども、そのたびに乗り越《こ》えて、日本地図を完成させたということは、やはり偉いと思います。

また、『生涯現役人生』に書いてあるように、伊能忠敬の出発時には、不吉《ふきつ》な前兆《ぜんちょう》が三つほどありました。

「出掛けようとしたら、軒下《のきした》の巣からツバメの子が落ちて死んだ」とか、「わらじの紐《ひも》がプツリと切れた」とか、「実家の酒屋の樽《たる》がバーンと爆発《ばくはつ》した」など、不吉な前兆がたくさんあり、当時は迷信《めいしん》深い時代ですから、家族が止めたそうです。

伊能忠敬自身も、信仰心《しんこうしん》のあった方でしたが、「一度決めたことが、そんなものでくじけるような意志力ではない」ということです。そういうところは偉いと思います。

中二の問題が解けなかった悔《くや》しさで始めた英語の勉強

不肖《ふしょう》、私が海外伝道を志したのは五十一歳のことですが、その少し前あたりから英語の勉強も多少始めてはいたのです。

そのころ、私立の名門進学校に通っていた中学二年生の子供が、定期試験の英語の問題でどうしても解けないものがありました。それは、会話文の一部を括弧《かっこ》で抜《ぬ》いて、「このなかに何が入るか」という穴埋《あなう》めの問題でした。しかも、当時、子供の勉強を見ていた、早稲田《わせだ》の政経卒の二十代の人も、答えが分からなかったそうです。そこで、「お父さんは、海外勤務をして、ニューヨークでバリバリ働いていた方だから、絶対に分かるはずです。お父さんに訊《き》いてみてください」と、私に投げられたのです。

当時の私は四十代でしたが、「なんだ、こんなの簡単じゃないか。どれどれ？　どんな問題？」と見てみると、汗《あせ》がタラタラタラタラーッと流れてきたのです。「分からない！　分からない。中学二年の問題が分からないなんて、そんなことがあっていいんだろうか」と、一瞬《いっしゅん》、ゾクッときました。

そのときは、「ああ、会話というのは自由自在なので、やはり答えはなかなか一つには決まらないから……」などと言いつつも、実は分からなかったのです。

そのことが悔《くや》しくて、「これは勉強をやり直さなければ駄目《だめ》だ」と思い、それから毎日、朝ご飯を食べる前に、五百ページほどの英文法の本を十五分ずつ、勉強するようになりました。

私はわりと本を読んだり、問題を解いたりするのが速いので、これを巻末《かんまつ》の問題まですべて三回ほど繰り返して解きました。すると、その子供が中三になってから、またテストを持ってきたときには、答えがすぐに分かったのです。「ああ、これこれ。ふんふんふん……」という感じで答えると、子供からも、「ああ、パパって〝全智全能〟なのね。全部分かるのね」と言われたわけです（会場笑）。

それはそうです。いくら進学校とはいえ、中学三年なので、大学受験レベルの参考書をカッチリとやり上げていたら、そんな中三程度の問題が解けないわけはありません。見てすぐに、「これっ！」と言って、パッと解けるのです。

さらに、早稲田の英文を出て間もない新卒の先生が、英作文を添削《てんさく》して点を付けているもののなかに、二カ所添削漏《も》れがあるところまで指摘《してき》しました。

「ここところ。間違っているのをこの先生は見抜けていない！　まだ学力が足りないなあ。夜は英会話学校に通っているというけれども、安いところに通っているのではないか」と言っていたのです。

この程度のところまでは、一年ぐらいで行けるものなのです。

4　最先端《さいせんたん》医学を超《こ》える「宗教」の治癒力《ちゆりょく》

四十七歳《さい》のとき、医者に「昨日《きのう》死んでいるはずだ」と言われた

『生涯現役人生《しょうがいげんえき》』（前掲《ぜんけい》）には、四十七歳《さい》のときに、私が病気をした話も書いてあります。

そのとき、私はいったん〝死んだ〟ことになっています。医学的にはいまだに謎《なぞ》であり、医者が付けた病名も転々と変わっていきました。とにかく、何か病名を付けなければいけないだけなのでしょうが、何回も変わったのです。そのため、しまいには、「もう好きなように、適当に付けてください」と私は言

っていました。

それまでは、自分から健康診断《しんだん》に行くことはめったになく、若いときに受けたきりだったのですが、ある日、総合本部に出勤して会議をし、帰ってくるときの車のなかで、少し調子が悪くなり、何か胸が締《し》めつけられるような感じがあったのです。「これはちょっとおかしいなあ」と思ったものの、私は悪霊《あくれい》体験が非常に多いので、そのときは、「まあ、悪霊だろう」と思っていました。

さらに、帰宅してからも多少フラフラしていたのですが、『仏説《ぶっせつ》・正心法語《しょうしんほうご》』の音声ＣＤを三十分ほどかけながら寝《ね》ているうちに、治ったのです。そのあとは普通《ふつう》に生活をして一日を終えました。

翌日、普段《ふだん》の生活どおり、朝の散歩で庭を歩いていたのですが、「いつもより少し具合が悪い。一回ぐらい健康診断をしてみようかな」と思い、病院へ行きました。そして、健康診断を一つひとつ歩いて回って受けたのです。

そして、「心臓」の検査のところへ行き、ホルター（電極）のようなものを付けて心電図をとっているときに、医者の顔がみるみるうちに白くなり、青くなっていくのが分かりました。

ただ、私には何も言わないのです。そして、「家族の方《かた》を呼んでください」と言われて、外で何か話をしているのです。何を話しているのかは知らないけれども、なぜか真っ青《まさお》になったことだけは分かりました。

しばらくすると、私はいきなり担架《たんか》に乗せられ、地下に送られたのですが、そこには救急車が来ていたのです。「アウッ！　救急車か！」と思ったのですが、救急車に運び込《こ》まれたときに、「いったいこれは何事ですか？」と訊《き》くと、「もっと大きな病院に送る」ということだったようです。病院から病院に移送する場合には、救急車を使わなければいけないような規則でもあるのか、そのときは、タクシーも自家用車も許されませんでした。

ただ、救急車で送られると、何だか急に病人になったような気になったのです。

そして、病院に着き、医者を見ると、「うーん！　君は昨日《きのう》死んでいるはずだ」と言うのです。さすがにこれには参《まい》りました。

その日は土曜日だったので、初めは、「混んでいるかもしれないから、健康診断は月曜日にしようか」と思ったのですが、念のために、その日のうちに行ったところ、「昨日の金曜日の段階で、もう死んでいるはずだ」と言われたわけです。「昨日、調子が悪くなったのは、心筋梗塞《しんきんこうそく》だ。これは絶対に死んでいるはずだ。なのに生きている。おかしい」と言われました。

「死んでいる」と言われても、私は順番に歩いて健康診断を受けていたのです。それを、いきなり「死体」にされてしまったわけです。その上、救急車に乗せられると、こちらも急に、何だか死ぬような気になるわけです。搬送先《はんそうさき》では、すでに手術の準備までして待っているような状態で、話がだんだん大きくなってしまったのです。

「死んでいる」と言われながら、書き物をし、ご飯《はん》も食べていた

ただ、レントゲンを撮《と》ったり、いろいろと検査をしたりしてみたところ、実際に、肺に水が溜《た》まっていたのは事実です。

ちょうどその一週間ぐらい前から、違和感《いわかん》はありました。総本山《そうほんざん》・那須精舎《なすしょうじゃ》をつくるための予定地へ視察に行ったとき、「ちょっとボッコリした感じがす

るなあ」と思っていたのですが、実は水が溜まっていたことに気づかなかったのです。レントゲンを撮ったら、水の溜まっているところが白く写っており、心臓が収縮していないということでした。

心臓が収縮していないということは、つまり「死んでいる」ということでしょう。「水が溢《あふ》れて肺水腫《はいすいしゅ》になっていて、もう心臓は動いていません。だから、死んでいるはずです」と言われました。

「死んでいる」と言われても、思考力はあるし、口は立つし、ご飯《はん》は食べられるのですから、これでは納得《なっとく》がいきません。

しかし、その日の夕方には、家族がみな、最期《さいご》のお別れに来たのです。それでも、私はまだ意味が分かりませんでした。あとで、家族写真が置いてあるのを見て、びっくりして、「あら、もしかしたら、私は死ぬのかしらん」と思ったのです。

ただ、翌日はまだ生きていたので、朝起きてから、看護師に便箋《びんせん》をもらい、ベッドを起こして、総合本部の理事長宛《あ》てに仕事の指示を書いていました。

すると、それを見た人がギョッとしたのか、「まだ生きていたか！」という感じで、目が大きくなっていました。

私は、周囲の人たちから「死んでいる」と思われていたとはまったく知らなかったので、普通に書き物をしていたのですが、「嘘《うそ》ではないか」と、目玉が飛び出しそうなほどゾッとした顔をしていました。これでは、本当に周りの人に殺されてしまいかねません。でも、私は書き物をして、朝ご飯もきちんと食べていたのです。

医者の「死ぬ」という診断《しんだん》は全部外《はず》れた

そのようなわけで、病院のほうは、「生きるというのであれば話が違《ちが》う。黴《ばい》菌《きん》などに感染《かんせん》してはいけないので、人に会わせるわけにはいかない」などということを、急に言い出したのです。

それで私は、どうでもいい点滴《てんてき》を勝手に付けられたまま、「リハビリ」と称《しょう》し、早くも翌日から、ベッドで動いていました。「何をしているんですか」と訊かれ、私は、「いや、社会復帰をしなければいけないので、今、訓練に入っているんだ」と言いながら、もうリハビリに入っていたのです。

「あのー、ここはＩＣＵ（集中治療室《ちりょうしつ》）です。ここへ入った人は、だいたい生命の危険にかかわる状態なのですけど……」と言うのですが、すでに私はリハビリを始めていたわけです。私は復帰しなければいけないので、そういうわけにはいかないのです。

そのとき、私がいちばんこたえたのは、医者から「鍛《きた》えないでください」と言われたことです。これは私の主義に反する考えなので、少々ショックを受けて、ブスッと黙《だま》ってしまいました。医者は、「何か悪いことを言いましたか?」と戸惑《とまど》っていました。普通、病気をした人はみな、「鍛えないでください」とか「無理をしないでください」などと言われると喜ぶのだそうです。

医者から、最初は「死んでいる」と思われて、次に「一週間以内に死ぬ」となり、さらに、「一カ月以内に死ぬ」「年内に死ぬ」「一年以内に死ぬ」「五年以内に八十パーセント以上の確率で、絶対に死ぬ」などと言われましたが、もう嘘ばかりで、全部外《はず》れました。とにかく悪質な易者《えきしゃ》のようなレベルで、病名もコロコロと変わっていきました。

現代医学の常識を破って、拡張した心臓を縮めた経験

私は、前の日は心筋梗塞《しんきんこうそく》で死んだことになっていたのですけれども、翌日、生きていたときにも、医者は、「これは『拡張型心筋症』で、いったん心臓が拡張したら、もう元に戻《もど》らないのです。心臓というのは、〝張りぼて〟のようなもので、いったん大きくなると、もう元には戻せません。壊《こわ》れた機械と一緒《いっしょ》で、もはや臓器移植以外にないんです」と言うのです。

ところが、当時、幸福の科学は、「脳死による臓器移植反対キャンペーン」をしていたので、「臓器移植しかありません。決断してください」などと言われても、「いや、それはできないことになっています。嫌《いや》です。ノーです。絶

対にノーです」と言いました。

そのころは、そういう拡張型心筋症の子供の家族などが、アメリカで臓器移植を受けるために募金《ぼきん》を集め、行《い》っていましたけれども、私も「それ以外に道はない」と言われたのです。

つまり、「心臓がいったん拡張した場合には、もはや縮まないので、臓器移植か、臓器を機械に替《か》えるしかない」と言われたのですが、「そんなことはありません」というのが私の意見で、「心臓が大きいのであれば、小さくすればいいのでしょう？　縮めます」と言ったのです。

医者は、「いや、そんなことはできません。『不随意筋《ふずいいきん》』と『随意筋』というものがあって、『不随意筋』は意志の力では変えることができないのです。だから、『不随意筋』というのです」と言うわけです。しかし私は、「そんなことはありません。私の体の一部である以上、私が変えようと思ったら、絶対に変わります」と言い返しました。

まず、当時は肥満していましたので、体重は減らしました。それから、溜まっていた水については水抜《ぬ》きをしました。これは利尿剤《りにょうざい》によって、おしっこをたくさん出すことで水を減らしました。さらに歩いて体を鍛え、筋肉もつけました。

私の結論としては、「体重が十パーセントほど減ると、心臓であっても縮むに決まっているではないですか」ということだったのですが、退院する前には、本当に心臓が縮んでいたのです。医者がびっくりして、「えええーっ？　心臓が縮んだ？　そんなバカな！　こんなことはありえない！」と言っていました。

それを聞いて私のほうがびっくりしてしまって、「私の臓器で、私の自由にならないものなどあるはずはありません」という話をしたのです。

そのときに、助手として来ていた助教授ぐらいの若い人も同席していたのですが、その人に、「インドのヨガの行者《ぎょうじゃ》などは、自分の心臓を止めたり動かしたり、自由にできる人もいるんだよ。だから、宗教家にはそのくらいの力はあるんだ」という話をしたら、私の担当から逃《に》げて、二度と出てこなくなってしまいました。そのあとは一回も会っていないので、「もうこの人と話をしていたら頭がおかしくなる」と思われたのかもしれません。

「現在の最先端医学《さいせんたん》」が「宗教」に敗《やぶ》れた

結果としては、この病院に入院中、私は、『成功の法』（幸福の科学出版刊）

の原稿《げんこう》を校正し、「まえがき」「あとがき」を書きました。

つまり、周りが、すでに私が死んでいることを〝期待〟しているときに書いた本が『成功の法』で、この書籍《しょせき》は、堂々と私の三百冊目の著書になっています（注。二〇二三年六月現在では三千百書以上を発刊）。

また、その二〇〇四年当時、講演会は、まだ千回前後だったかもしれませんけれども、今では、まもなく二千回になるぐらいまで来ているらしいのです（収録当時。二〇二三年六月現在の説法回数は三千五百回以上）。

ですから、復活以後、八年間で千回ぐらい、講演をしたことになります。さらには、学校を開校し、海外伝道もし、海外にも精舎《しょうじゃ》を建て、正心館《しょうしんかん》も建て、政党もつくりというように、どんどんやっているのですが、私はまったく死ぬ気配《けはい》もなく、元気になりすぎて、ちょっと困っているぐらいです。

ですから、入院したときには、「現在の最先端《さいせんたん》の医学 対 宗教で、どちらが強いか」という決戦のような感じだったのですけれども、はっきり言って現代医学が敗《やぶ》れたのです。

そのときの記録を取っていましたが、医者が言ったことは全部外《はず》れたのです。すべて外れました。こうしたことを記録で残して発表したら、大変なことになるほど、丸ごと全部外れました。

したがって、本書を読むと、医者は少し気分を悪くすると思います。病院に勤めている人は、どうかご容赦《ようしゃ》ください。このような人もいたということで、気分を悪くされたとしたら、お許しください。

もちろん、病院で治るものもあります。すべての病人が幸福の科学に来ると忙《いそが》しすぎるので、病院で治るものはそこで治していただいて結構です。私は、その効果をまったく否定してはいません。ただ、病院で治らないものは、幸福の科学で治してください。

「意志の力」と「鍛《きた》える力」があれば、いろいろなことが可能になる

現在、病院はとても賑《にぎ》わっています。それだけ病院は人気があるのでしょうけれども、私が健康診断《しんだん》等で行くと、さまざまな「病念《びょうねん》」がウロウロしており、病院を出たときには体の調子が悪くなっていて、どこかで〝落として〟こなければいけないわけです。あのようなところに喜んで行って、お金を払《はら》っている人が大勢いるのは、まことに不思議です。

ただ、健康診断を受けることは大事です。安倍《あべ》総理も年二回ほど受けているそうですが（収録時点）、この前、私も受けてきました。

視力は、裸眼《らがん》でも、いまだ、右目の視力が一・二、左目が一・五でした（説法当時。今は両眼一・五）。長年、寝転がって本を読んでいても、このように視力が悪くならないのです。

私は四十四歳のときに、一時的に老眼になりかかったこともありました。老眼鏡をたくさん買われ、あちらこちらに置かれていて、一週間ほど老眼鏡をかけたこともあるのです。しかし、それをかけたり外したりすると、字が大きくなったり小さくなったりするので、何だか余計《よけい》に目が悪くなるような感じがしてきたので、やめたのです。

そして、「治そう」と心のなかで思って、老眼鏡は片付けました。すると、一週間で目が治ったのです。元通りに戻っていました。

「私は、目を使わないと、この仕事ができないので、目は治らないと困る。

だから、目よ、元に戻れ！」ということを一週間ほど念《おも》っていたら、元に戻ったのです。そして、今は、一・二か一・五のあたりでウロウロしていますけれども、裸眼で、もう何万冊読んだか分からないほど、本を読んでいます。

これについては、本当に両親に感謝しています。目もよく、体も丈夫《じょうぶ》で、消化力の強い頭を頂いたことを、本当に両親に感謝していますけれども、人間というものは、「意志の力」と「鍛《きた》える力」があれば、いろいろなことが可能になるのです。

したがって、「もうこれで終わりだ」と思ったあとから再出発して、それ以前よりも大きな実績をあげることはできるということです。

生涯現役の秘訣 4

医者が「治らない」と言っても、あまり信じてはいけない。

５　まだまだ「新しい出発」はできる

世の中のプロといっても、数年勉強した程度で抜《ぬ》ける

先日も、最近のＮＨＫの英会話の講座を聴《き》いていたら、講師が得意気《とくいげ》に「“Have a nice day.《ハブアナイスデイ》”とか、“Have a good day.《ハブアグッドデイ》”は、命令文です」と言っていました。これは、「よい一日を」とか「今日もいい日になりますように」というような意味ですが、「これは命令文です。命令文ですけれども、低い声で“Have a good day.”などと言うと感じが悪く聞こえるので、いちおう明るい声で“Have a nice day.”と言ってください。つまり、“Please《プリーズ》 have a nice day.”の気分で言ってくださいね」と解説していました。

しかし、これが命令文のはずはないのです。私は、幸福の科学学園の中一の英文法入門の最初の講義で、「これは命令文ではありません。これは祈願文《きがんぶん》です」と書いたのです。ところが、中学に入ったばかりの人が最初の五分で聴く話なのに、今、現役《げんえき》でやっているNHKの講師が、「命令文だ」と何回も繰《く》り返して教えているのです。しかも類語をたくさん並べて言っているのですが、これは違《ちが》うのです。

“I《アイ》 wish《ウィッシュ》 you《ユー》 have《ハブ》 a《ア》 nice《ナイス》 day《ディ》.”から“Have a nice day.”になっているので、

英語では、“I wish you”が省《はぶ》かれているのです。ですから、祈願文なのです。

“Have a bad《バッド》 day.”という言葉は使いませんし、ありません。なぜかというと、これはそのように希望を述べる言葉だからです。命令文であれば"Have a bad day."であっても使えるはずです。しかし、英語にはそのようなものはありません。これは祈願文なのです。

それを幸福の科学学園では中一生が最初に勉強するのですが、今の現役の英語講師は、それを知らずに言っているわけです。

そうしたものに接すると、やはり自信が出ます。つまり、世の中のプロといっても、このレベルなのです。数年間勉強をし直した程度でも、そのような人を軽々と抜《ぬ》いてしまうことが分かり、自信を持ちました。

英会話ができない悔《くや》しさを夢のなかで訴《うった》えてきた安倍《あべ》総理

この説法《せっぽう》をした日の朝、四時半ごろ、安倍《あべ》総理が出てくる夢を見ました。

夢のなかで、安倍総理と私は、インドの映画館のなかで会っていたのですが、わりにガランとしていて、映画が始まる前、同じ列に並んで座《すわ》っていたのです。

そのとき、「安倍さん、何か困ったことはありますか？　あれば、相談に乗りますけど……」と私が言うと、安倍総理は困ったような顔をして私のほうを見て、「英会話ができないんだ。どうしたらできるんだろうか」と言うのです。

確か、安倍総理と私は年齢《ねんれい》が大して変わらないのですが、彼は東南アジアを訪問しても英語を話せず、アルジェリアの大統領とも英語で話せなかったようなので、悔《くや》しいのでしょう。

さらに、次は、「対中国対策でインドへ行け」と周囲から言われているのに、行けないのが悔しいのかもしれません（注。その後、安倍総理は二〇一四年一月にインドを訪問した）。

要するに、「自分は英会話ができないけれども、国会議員の〇〇さんは英語が話せるから、ちょっと悔しい」というようなことを、私の夢のなかで訴《うった》えてきたのです。

そのようなわけで、なんと、経済問題の次は英語でした。英会話です。英会話は、幸福の科学の教材で勉強すると学力は上がるのですけれども、そこまではなかなか行かないかもしれません。

何歳《さい》からでも諦《あきら》めず、可能性に満ちた未来へ新しい出発を

いずれにしても、まだまだ新しい出発は可能です。

ですから、諦《あきら》めないでください。あとになるほど、まだまだよくなってくることもありますし、「認識力」、「知識量」、そして、「経験量」は増えていきます。

実務的には、六十五歳《さい》ぐらいから「判断力」は落ちてくる傾向《けいこう》があるのですけれども、これも努力すれば高めることはできると思います。

未来はまだまだ可能性に満ちているので、どうか意欲を失わないでください。

そして、『生涯現役人生《しょうがいげんえきじんせい》』のなかでも述べられているような、「クヨクヨしすぎないこと」や「未来について明るい想念《そうねん》を持つこと」などを大事にしてくださされば幸いです。

珠玉の言葉1

生きている間に「霊的《れいてき》人生観」を知ろう

今、みなさんは肉体に宿って生活をしていますが、
肉体が人間のすべてではありません。
肉体のなかには、昔から言われているように、
「魂《たましい》」がほんとうに入っているのです。
そして、あの世での行き場所を決めるものは、
この世での生き方そのものです。

こうした霊的《れいてき》人生観を受け入れて生きている人と、

『死んでから困らない生き方』より

受け入れずに生きている人とでは、
やはり人生に大きな差が出てきます。
霊的人生観を持っている人にとっては、
日々の仕事や生活が、学びの場になります。
一方、「こんなものは信じられない」と思っている人にとっては、
すべてが偶然《ぐうぜん》の連続になります。
「死後の世界など分からないから、考えても無駄《むだ》だ」と思うのでしょうが、
結局、あとで大きなつけが回ってくるのです。
このことについては、私自身の三十年近い経験から見て、
「疑う余地はない」と述べておきたいと思います。

第2章

シニア・リーダーの条件

二〇一三年九月十四日　説法《せっぽう》

東京都・幸福の科学　東京正心館《しょうしんかん》にて

1　年配の人も若い人も共存《きょうそん》する社会へ

「シニア」という言葉の定義の難しさ

本章のもとになった法話《ほうわ》は、「敬老の日」を記念して行《おこな》ったものですが、「何歳《さい》ぐらいから敬老の日でお祝いされるのか」というのは難しい問題です。

また、「シニア」についても、線の引き方が極《きわ》めて難しいのです。多くの方には、「自分の年齢《ねんれい》より上だろう」と思いたいところがあるので、その定義は難しいでしょう。

幸福の科学でも、本章のもとになる法話をしたときの参加対象者を五十歳以上にしていましたが、シニアについて、特に決まった定義があるわけではありません。

昔は四十歳で「初老《しょろう》」といわれていましたが、今では、さすがにそれは厳しいですし、日本語をよく知らない人から怒《おこ》られる可能性があります。そうした人は、「君も初老になったのだから、もう少し聞き分けがないといけない」などと言われたら、怒る可能性があるのです。

そう考えると、四十歳はまだ〝青年〟に少し近いのでしょうか。四十歳ぐらいの経営者であれば、「青年社長」といわれても十分通用するような感じなので、今、時代は変わりつつあるわけです。

ですから、読者のみなさんは、「シニア」という言葉を悪いほうに取らないでください。エグゼクティブ（経営幹部）などでも、「シニア」が付くと偉《えら》く聞こえますし、専務以上の感じになりますので、「人間として重みがついてきた」というぐらいに取ってもらえれば幸いかと思います。

本章は、決して「敬老の条件」というテーマではありませんので、気軽に読んでもらえれば幸いですし、「若い人には、まだ少し早いかな」と思える内容を何か述べることができればよいと思っています。

「年配の人」と「若い人」が共存《きょうそん》し、繁栄《はんえい》する世の中をつくるべき

私自身も「シニア」に入れられると納得《なっとく》がいきませんし、〝成仏《じょうぶつ》〟し切れないものがあります。「まだまだ！」と感じるわけです。

今、時代は変わっています。寿命《じゅみょう》が延びてきていて、現役《げんえき》で活躍《かつやく》できる人も増えていますので、「自分としての活躍をしつつも、若い世代の活躍を邪魔《じゃま》し

ないようにして、全体の活力を増し、国の富を増していく」というような社会が築ければよいわけです。

要するに、「年配の人も、若い人も共存《きょうそん》しながら、繁栄《はんえい》していけるような世の中をつくっていくために努力すべきである」ということです。

今、シニア世代がだんだん増えてきて、赤ちゃんがあまり生まれなくなっているので、若い人の負担が増えてきました。つまり、毎年、社会保障費が一兆円ずつ増えるため、「増税やむなし」ということで、政府は消費税を上げつつあります。

第二次安倍《あべ》内閣は、発足《ほっそく》当初から「景気が少しよくなった」「オリンピックが東京に決まった」ということで、それ自体はよいことだと思いますし、安倍首相は幸運でした。その相乗効果で未来が少しよく見えるので、その隙《すき》に消費税を上げてくるでしょう（注。二〇一四年四月、政府は消費税を五パーセントから八パーセントに増税し、二〇一九年十月には十パーセントに増税した）。

増税自体は、「財政健全化」ということではよろしいのですが、「年を取った人が恨《うら》まれるような世の中は、あまりよろしくないな」と私は思っています。

「シニアが増えたために、若い人たちがやる気や活力をなくしている」などと言われたり、あるいは、「国外へ脱出《だっしゅつ》する」などと言われたりすると、「嫌《いや》だな」と感じますので、シニアの側も〝兵法《へいほう》〟を練《ね》らなければならない時期が来たのではないでしょうか。

本章では、そういうことを中心に考えてみようかと思います。

「ヒューストン国際映画祭の受賞」で感じたこと

話は変わりますが、二〇一三年四月、ヒューストン国際映画祭において、映画「神秘の法」（二〇一二年公開。製作総指揮・大川隆法）が「スペシャル・ジュリー・アワード」を受賞しました。そして、そのトロフィーには、小さくではありますが、最後に“RYUHO OKAWA《リュウホウ　オオカワ》, EXECUTIVE PRODUCER《エグゼクティブ　プロデューサー》”と記《しる》されています。

ただ、私がしたことは、本当にささやかなことでした。

映画「神秘の法」の原作（『神秘の法』〔幸福の科学出版刊〕）にはストーリー性がなく、幽霊話《ゆうれいばなし》がたくさん入っていますので、それでは映画になりません。そのため、私が原作ストーリーをつくり、脚本《きゃくほん》をチェックしました。そして、アニメをつくっていく途中《とちゅう》でチェックを入れたり、最終仕上げなどにかかわったりしたのです。

それから、音楽チェックをしたり、主題歌《しゅだいか》をつくったりもしました。

したがって、私は全体の仕上げについては見ています。ただ、映画の製作にかかわった方は数百名に上《のぼ》っていますし、国内だけでなく、海外にも発注しているのです。連続した動きをつくるためには、数多くの絵を描かなければいけないので、韓国《かんこく》など、いろいろなところに発注したりしていました。

あるいは、CG部門に関しては、アメリカでもつくっていますので、非常に国際的な製作の仕方をしています。

ですから、その賞は、私だけがもらうものではありません。私は、映画にかかわったみなさんの代《か》わりに頂いているのです。

このように、年を取ると、自分がすべて働かなくても、そういうものがやってくることがあります。これが人生の旨《うま》みです。

例えば、会社の社長の場合、自分が働かずに社員が働いていても、「名経営者」といわれたり、世間《せけん》からの評判が上がったり、ほめられたり、経営の極意《ごくい》を訊《き》かれたりするようなことが、たくさん起きてくるわけです。その意味では、「年を取っていくと、よいこともあるのかな」という気がします。

ですから、「実力主義」と「経験・年齢・知識等に対する適度な敬意の払《はら》い方」等がミックスされた社会が、住みよい社会ではないかと思います。

2　シニア層に必要な「能力」とは

「個人の成功」と「組織を持っている者の成功」の違《ちが》い

私は、「成功の条件」を数多く説いています。その際、個人として成功していく生き方に重点を置いていますけれども、組織を持っている者の成功の仕方についても説いているのです。

成功の条件には、この二通《ふたとお》りがあると思うのですが、若干《じゃっかん》の違《ちが》いはあります。

個人の場合は、やはり、「徹底《てってい》的に自分を見つめていく」というかたちですが、これは組織を持っている者でも同じことが言えます。違いがあるとすれば、

「組織を持って成功していく者は、自分自身の分《ぶん》を知りながら、『トータルで素《す》晴《ば》らしい成果をあげていくには、どうしたらよいか』ということを考える時間を、長くしていかなくてはいけない」ということです。

その逆に当たるのが、「自分自身でやり遂《と》げる」ということに熱心な人です。若いうちは、だいたいそうだろうと思いますし、個人で仕事をする芸能系の歌手や役者、スポーツ選手もそうでしょう。

ただ、組織仕事になりますと、それだけでは済まないことになると思います。例えば、イチロー選手が四千本以上のヒットを打ったこと自体はすごいことです。本人は「チームプレイ」ということを強調していましたが、やはり個人での修行《しゅぎょう》の部分はそうとうあると思いますし、それについては他の人が勉強になることもそうとうあるでしょう。

しかし、現実に組織を運営している者であれば、個人の努力だけでは済まない面は、どうしてもあるように思うのです。それは、「自分にはない能力を使う力が必要になる。それを認めてあげる力が大事になる」ということです。このあたりが、人間の成長と実に関係があるのではないでしょうか。

ですから、個人としてはそう大したことがなかった人でも、一定の年齢《ねんれい》になり、人を使えるようになってくると、個人でできたことの数千倍、数万倍の仕事ができるようになってくることがありうるわけです。

人の上に立つ人には、若い人を育てて力を伸《の》ばす能力が必要

そのためには、考え方を変えていくことが大事です。

例えば、先ほど述べた映画「神秘の法」でも、一人ではつくりようがないの

です。実際には何百人もの人が取りかかってつくっていますし、つくったあとも、「大川隆法総裁に何か賞ぐらいはあげたい」という弟子《でし》の切《せつ》ない祈りから、あちこちにいろいろと運動をして、ヒューストン国際映画祭のほうで認めてもらえたわけです。

また、映画「神秘の法」は、ほかの映画祭にもいろいろと出品していますし、アカデミー賞でも、審査《しんさ》対象に残りました。長編アニメーション部門審査対象作品の二十一本のなかに、日本からはスタジオジブリの作品と「神秘の法」の二つだけが残ったのです。ただ、残念ながら賞は取れませんでした。

このように、自分だけの力ではなく、多くの人の力が必要になってくるので、「チームワークの力」や「チームで成果を出していく力」が大事です。そして、年を取って上に上がっていく人たちには、そういう力を吸い上げていくような能力を持つことが大事になると思います。

言葉を換《か》えれば、人の上に立つ人には、〝プロデューサー〟として、自分よりも若く、まだ個人で努力をしなくてはいけない多くの人たちを育てて、力を伸《の》ばしていく能力が必要になってくるわけです。

つまり、「個人とチームでは、能力の判定の仕方が違っている」ということです。

ですから、あまりに個人的な好き嫌《きら》いが激しく、「何でもかんでも、自分でやりたい！」という気持ちが強いと、なかなかチームでの成功がしにくいこともありえます。つまり、叱《しか》るべきところは叱らなければいけないけれども、「ほめるべきところはきちんとほめる。そして、全体の力を引き出していく」というような能力が必要なのです。

「ほかの人たちの力をどうやって引き出すか」という調整能力

例えば、幸福の科学の信者の場合、仕事は個人でやっていても、教団のなかではいろいろな役職を頂いていることもあるでしょう。女性部長であるとか、○○部長であるとか、△△委員であるとか、いろいろ役職をもらっていることもあると思います。

そうなりますと、「自分が活動する」というだけではなく、「ほかの人たちの力をどうやって引き出していくか」、あるいは「ほかの人の長所の部分をどうやって使うか。短所の部分をどうやって収《おさ》めて、みんなと仲良く活動させるか」という調整能力も要《い》るようになります。

以前は、財務部長や植福《しょくふく》（布施《ふせ》）部長などに任命されたら、「自分がお布施を出さなければいけないのかな」と思ったりするような人もいたそうですが、今はそれだけでは駄目《だめ》なのです。自分がお布施を出すときもあるでしょうが、「お金を持っておられる方からお布施を頂けるような尊い導きをして、信者の方々の少しずつの善意を集めて、大きなものにしていく」ということが大事なのではないでしょうか。

そのように、「能力の質が変わっていくことがある」ということを、どうか知ってほしいと思います。

若いころは、自分で何かをやろうとする気持ちが強い人のほうが勝つと思いますし、そういう努力をしない人が成功することはほとんどありえません。若いうちから、「棚《たな》ぼた式で、何もかも成功する」ということを願っている人は、あまり将来性がないように見えるでしょう。

ただ、トータルで人生を見るかぎりは、「自分の実力だけでは、どうしてもできないものがある」ということを認めないといけないと思います。自分の力だけでは、成功は不可能なのです。

やはり、もっと大きなものが働いています。それは「運」と言ってもよいですし、「神仏《かみほとけ》の意志」と言ってもよいでしょう。あるいは、「仲間たちの力」「善念《ぜんねん》の結集」とも言えます。そういうものがないと、大きな仕事はできないのです。

年齢《ねんれい》とともに高まる「アドバイス機能」「参謀《さんぼう》機能」

まさしく、幸福の科学も今、そういう段階に差し掛《か》かってきているのではないでしょうか。

当会は、日本では、ある程度の規模と力を持っていますが、「これをもう一段、超《こ》えていくにはどうしたらよいか」「世界でもう一段、力を持つにはどうしたらよいか」と考えることが大事です。

ですから、当会のシニアの方も、もう一段、考え方を変えていかなければいけません。「もう、自分にできる仕事はない」と思っている方もいるかもしれませんが、そんなことはないのです。

今までの知識や経験を通して見ると、組織の流れのなかでネックになっているところや、「ここが少し引っ掛かってできないでいるな。うまくいっていないな」と思うところがあるでしょう。その詰《つ》まっているところを指摘《してき》してあげて、それを抜《ぬ》いてあげるわけです。〝ピン〟を抜いてあげるだけで、物事は動き始めることがあります。「それが何なのか」ということを見抜くには、かなり年齢《ねんれい》や経験が要るのです。

その意味で、そうした「アドバイス機能」「参謀《さんぼう》機能」というのは、年齢とともに十分高まっていくところがあります。つまり、今まで自分一人が〝戦士〟として頑張《がんば》っていた状況《じょうきょう》から、だんだんコーチや監督《かんとく》としての才能が必要になってくるわけです。

苦労や失敗をすると、「人に教える資格」が出てくる

では、コーチや監督の才能とは何でしょうか。

「選手として一流、あるいは超《ちょう》一流だったから、よいコーチやよい監督になれる」とは必ずしも言えません。やはり、苦労したり、失敗したりした経験がたくさんあればこそ、ほかの人の苦労や失敗がよく見えるので、「こうしたら

よいのだ」と教えてあげられるのです。

そういう苦労や失敗をした人は、「人に語るべき成功が何もない」と思っているかもしれませんが、意外にそうではないのです。「他人様《ひと》に語れるようなものはない」と思っている人ほど、実は人に教える資格が出てくることがあるわけです。

例えば、予備校や塾《じゅく》などで人気が出る先生や講師は、どのような人でしょうか。受験界において秀才《しゅうさい》で鳴らした方も、〝看板用〟として使えることは使えるのですが、現実に人気が出ているのはそういう人ではなく、勉強ができなくて苦労をし、〝地獄《じごく》をくぐった人たち〟なのです。何度もまさかの失敗をしたような人がコツを学び、「新しいメソッド」「自分なりの方法論」を見つけたわけです。これは、彼らの一種の「悟《さと》り」でしょう。

このように、「勉強法の悟り」を得た者が、いろいろな人が困っているところに対して、「このようにすれば、できるようになるのだ」と教えることができるようになると、教えられた人は力がついてグングン伸びてくるのです。

ですから、実際に馬に乗って走る騎手《きしゅ》の能力も要るけれども、それとは別に、馬を育てる能力、名伯楽《めいはくらく》になる能力があることも知ったほうがよいでしょう。

そういう人は、この世的には必ずしも成功しなかったかもしれません。ただ、単に失敗を失敗として終わらせず、そのなかから珠玉《しゅぎょく》の教訓を学んだ方がそうした仕事ができるようになるのです。

つまり、「シニア以降の成功論は、シニア以前とは違ってくることがありえる」ということです。

要求される人間の能力は、年相応《としそうおう》に変わってくる

若いころは、才能や素質に恵《めぐ》まれている方が有利であることは間違いありません。そういう方は、ほかの人よりも上の立場に行くことが多いでしょう。

ただ、シニアから先は、今度は人を育てたり、励《はげ》ましたりすることが大事です。あるいは、組織の詰まっている部分、間違っている部分、歪《ゆが》んでいる部分、阻害《そがい》の要因になっているような部分を指摘して、それを取っていくことが求められます。「全体がよくなっていくように」という目でいつも見ていると、それなりの力を発揮でき、多くの人たちから認められ、尊敬されるようになっていくのです。

ですから、入社のときにいちばん成績がよかった方が、最後までよいとは限

らないわけです。例えば、入社時の成績で人を選んでいるような会社や役所等は、ずいぶんひどい目に遭《あ》っていますし、銀行もひどい目に遭っています。やはり、「要求される人間の能力は、年相応《としそうおう》に変わってくる」ということを知っておいたほうがよいでしょう。

3　シニア・リーダーとして成功する条件

シニア・リーダーの条件である「説得力」

当教団も少しずつ変わりつつありますが、そう簡単には変わり切らないところもあります。全体に、戒律《かいりつ》的な感じで地味に仕込《しこ》まれた年数が長いためか、私などは、「もう一段、世の中に宣伝して押《お》し込んだらいいのにな」と思うことがあるぐらい、みな、すごく控《ひか》えめなところがあるのです。

例えば、先ほど述べた国際映画祭のトロフィーを持ってきて人に見せるだけでも、恥《は》ずかしくてできない人がたくさんいます。そのため、努力して賞をもらってきても、結局、それが伝道に活《い》きていないようなところがあるわけです。
しかし、そういうものを恥ずかしがらずに、どんどん知らせていくことが大事だと思います。

世間《せけん》の人たちには、幸福の科学について、まだ十分に知らないことがたくさんあります。知らずに偏見《へんけん》で判断していることがたくさんあるのです。こうした「知らない」ということに対して、彼らの責任を問うことも、責めることもできますが、それだけではなく、それを知らせてあげることも当会の信者の仕事でしょう。

彼らは無明《むみょう》の闇《やみ》に包まれています。「無明の闇のなかにいる者が悪い」という言い方も当然ありますが、その無明の闇から出してあげるために、〝懐中《かいちゅう》電灯の光〟を当ててあげることも大事です。自分では、「当たり前のことだ」と思っているようなことでも、そう思っていない人がたくさんいるので、やはり、チャンスを与《あた》えてあげることが非常に大事でしょう。

今、私が述べたいのは、「シニア・リーダーになっていくための条件の一つは、説得力である」ということなのです。

これは宗教に限らず、あらゆる業界に関係することだと思います。シニアでまだ仕事をなされている方なら、それにも関係するでしょうが、説得力の重要性は、いくらコンピュータや携帯《けいたい》電話など、いろいろなものが流行《はや》ったところで、なくならないのです。そういう機械文明が進めば進むほど、現実には、「人間 対 人間の説得力の効果」というものの大きさは、逆に増してくるわけです。

つまり、説得力がないからこそ、メールで済ませたり、書類を送ったり、情

生涯現役の秘訣 5

シニア・リーダーになるには「説得力」が大切。

報を流したりして終わりにしてしまうケースがあるのです。「一対一」あるいは「一対多」でもよいのですが、実際は人と会って説得する力がないので、「とにかく、情報だけはお知らせしましたよ」などと言って済ませてしまうケースがあるわけです。

若い人たちに負け始めて、引退を決めた本田宗一郎《ほんだそういちろう》

今、文科系のものより、理科系文化のほうが進んできています。

ただ、理科系文化の場合は日進月歩《にっしんげっぽ》なのです。どんどん新しいものが出てくるので、若い人のほうが有利な文化であるわけです。なぜなら、若い人ほど、次々と出てくる新しい技術に対して親和性があり、理解ができるからです。

ですから、理系の場合、年を取っていくと不利になってくるのです。だんだ

ん分からなくなってくることが多いので、ついていけなくなり、自信がなくなっていきます。やはり、これを引っ繰《く》り返さなければいけません。

しかし、「日進月歩の技術について、二十代より、七十代、八十代のほうがよほど詳《くわ》しい」などというのは、めったにありえることではないのです。たまに「オタク」はいると思いますが、普通《ふつう》はありえないでしょう。

例えば、「メカに強い」と言われた本田《ほんだ》技研工業の本田宗一郎《そういちろう》でさえ、「若い人たちにメカの部分で負け始めて、引退を決めた」ということがありました。

これは、「エンジンを空冷《くうれい》式にするか、水冷《すいれい》式にするか」というようなことで議論が分かれた有名な話です。若い人たちの意見と、社長である本田宗一郎の意見が違《ちが》うため、その当時、相棒《あいぼう》役で副社長をしていた藤沢武夫《ふじさわたけお》が、本田宗一郎に対して、「あなたはホンダの社長を取るのか、それとも技術屋としての生き方を取るのか、どちらか決めてくれ。社長のほうを取るのであれば、技術陣《じん》の言っていることを採用すべきだ。しかし、『技術屋としてだけ生きたい』と言うのであれば、あなたの思うとおりにやったらいい」というようなことを言ったのです。

その藤沢武夫の意見を聞いて、本田宗一郎は、「もう、これは引退のときだ」と見て、「若い者のように技術のことが分からない」ということで、その後、「辞任《じにん》する」と言ったそうです。また、藤沢武夫も同時にスパッと副社長を辞《や》めて、世代交代することになりました。

こういう理系的な技術では、ある程度若返りが図《はか》られないと、「進まない」「会社がもたない」「発展していかない」という厳しい部分があるのです。

ただ、文科系的な分野では、こうはならない面がかなりあります。

理系の人が経営者に変身するために必要なこと

若いうちや、シニア層に入るあたりぐらいまでは、技術の面における経験と知識で後進《こうしん》の者よりも上を行くことができると思うのですが、それを過ぎると、技術系の能力だけでは、上司や先輩《せんぱい》として後進の者を指導するのがだんだん難しくなり、分からなくなってきます。

例えば、日本生まれの理系の経営者には、世界的な経営者になったような人もたくさんいますが、みな、技術系から入っていって、途中《とちゅう》で経営者に変身していっています。マネジメントを勉強して、大勢の人を使っていけるような技術や文科系的な知識を身につけて、経営者になっているのです。

ですから、本格的な経営者は、文系よりも理系の人のほうが実は多いのです。

「数兆円規模になった」などというのは、理系の人のほうが多く、文系の場合は、そうならないことのほうが多いのです。

このように、一代で会社を大きくしたような場合は、理系の人のほうが多いのですが、彼らには必ずノウハウのチェンジが起きています。つまり、「人を使う」「人の能力を高めていく」「トータルで成果をあげていく」というような面に目が移ってこないといけなくなり、若い者と競争しているだけでは駄目《だめ》になってくるのです。

文科系では「蓄積《ちくせき》がものを言う」「古いものが悪いとは言えない」

では、「文科系的なもの」とは何でしょうか。

それは、「蓄積《ちくせき》がものを言う」ものです。それから、「古いものが必ずしも悪いとは言えない」ものです。そうしたものが文系的なものだと思うのです。

それは、宗教や哲学《てつがく》を見れば簡単に分かります。

仏教で見れば、二千五百年以上前の釈迦《しゃか》を超《こ》えた人が、仏教徒や弟子《でし》のなかにいるかどうかを考えてみたらよいのです。偉《えら》いお坊《ぼう》さんはたくさん出ていますし、弘法大師空海《こうぼうだいしくうかい》も偉いかもしれませんが、釈迦以上とは、どうしても言えませんし、それだけの国際性は持っていません。

日蓮《にちれん》も偉いかもしれませんが、結局、「『南無妙法蓮華経《なむみょうほうれんげきょう》』だけが真理だ」と説いています。これは釈迦の教えから見たら、はるかに小さいのです。

親鸞《しんらん》も偉いかもしれませんが、この方は、「女性と結婚《けっこん》したら、地獄《じごく》に堕《お》ちるかどうか」ということで苦しんでいました。「結婚してしまったが、地獄に堕ちないようにするためには、どうしたらよいか。それは弥陀《みだ》にすがるしかない」というような教えをつくっただけですので、釈迦の教えから見ると、やはり小さく見えます。広がりはあっても、祖師《そし》を超えてはいないと思います。

また、哲学であれば、ソクラテス、プラトン、アリストテレスなど、古代ギリシャの偉大《いだい》な哲学者がいます。

それに対して、現代の哲学者、二十世紀以降の哲学者は、数式が入った記号論理学のような難しい哲学を書いているわけです。それは、読んでもなかなか理解ができないものではあるけれども、やはり、ソクラテス、プラトン、アリストテレスより上とは言えないものがあります。

このあたりに文科系の特徴《とくちょう》があるのです。

「キリスト」と「ビートルズ」「ＡＫＢ48」との比較《ひかく》

あるいは、音楽も含《ふく》めて考えると、ハイドンやモーツァルト、ベートーベンなど、二、三百年前の方々の音楽よりも、今つくられているいろいろな音楽のほうが優《すぐ》れているのでしょうか。

例えば、「ＡＫＢ48の歌は、モーツァルトを超えているのか」と言われたら、そう簡単に承認《しょうにん》はできないでしょう。

ビートルズのジョン・レノンも、「『ビートルズはキリストを超えた』というようなことを言ったのが祟《たた》った」などという説もあります。そのため、「熱心なファンに撃《う》ち殺された」という話もあるのです。

実際、ビートルズのレコードの売上などであれば、イエスが伝道できた範囲《はんい》を超えたのは間違いないですけれども、そういう〝罰当《ばちあ》たりなこと〟を言ったため、撃たれたのかもしれないわけです。

最近では、私も秋元康《あきもとやすし》氏の守護霊霊言《しゅごれいれいげん》である『ＡＫＢ48 ヒットの秘密』（幸福の科学出版刊）という本を出して、少し恐縮《きょうしゅく》しているのですが、そのなかで、私の子供と年齢《ねんれい》がほぼ同じである、ＡＫＢ48の卒業生の前田敦子《まえだあつこ》さんの守護霊の言葉を書いたら、「あなた（大川隆法）が手を出すマター（案件）か」と少しつつかれました（笑）。

もちろん、そう言われるとおり、私が手を出すような案件ではないかもしれませんが、前田敦子さんの場合も、ＡＫＢ48のセンターをしたあと、『前田敦子はキリストを超えた』という本が出ていましたから、ジョン・レノンのときと同じです。そういうときだったので、本当に超えているかどうかを調べてみたくなったわけです。

「前田敦子は、大勢の人に歌が聴《き》かれて人気がある」ということでしたが、内容から見ると、そうは言っても、そう簡単にキリストを超えることはできないでしょうし、「歴史的に多くの人を潤《うるお》していく」ということはできないと思います。もちろん、人気がある間だけは、大勢の人に歌が聴かれるでしょうが、キリストを超えるようなものではないでしょう。

文科系は、世間《せけん》から認められるのに時間がかかる

ですから、文科系的なものでは、「古いものが駄目になる」とは必ずしも言えないのです。

仏教やキリスト教だけでなく、儒教《じゅきょう》でも孔子《こうし》を超えるのは、そんなに簡単な

ことではありませんし、おそらく超えられないでしょう。

イスラム教でも、「ムハンマドより偉い」と言うのは、なかなか大変だと思います。

例えば、イラク戦争で殺されたサダム・フセインも、神の声が聞こえていれば、ムハンマドのように見えたところがあったでしょうが、残念ながら聞こえませんでしたし、戦争でも負けてしまったわけです。

このように、文系的なものは、かなり古いものでも値打ちがあり、なかなか崩《くず》せないところがあります。そのため、この世で生きている数十年のスパン（幅《はば》）で見ても、蓄積の効果が非常に大きいのです。

それに対して、数学的な天才や物理の天才などは、十代、二十代から能力がサーッと出てくることがかなり多いのです。アインシュタインも、ノーベル賞を受賞した有名な論文等は、ほとんど二十五歳《さい》ぐらいまでに書き上げたものでした。

しかし、文科系では、そんなことはめったにありえることではなく、早くても四十歳ぐらいまではかかりますし、実際にはもう少し年数がかかることが多いのです。

つまり、文科系は、世間《せけん》から本当に認められるのに時間がかかるのです。そのため、長い活動と同時に、「知識的な勉強の積み重ね」というものが、どうしても必要になってくるわけです。

このように、文系の天才については、四十歳ぐらいからでないと、なかなか判定が難しいのです。詩人などであれば、二十代ぐらいでも人気が出ることもあるかもしれませんが、普通はほとんどありえないわけです。

蓄積《ちくせき》のなかから「珠玉《しゅぎょく》の智慧《ちえ》」をつかみ出してくる能力

ですから、「出身が文系であれ、理系であれ、シニア以降にリーダーとして成功していく道に入るためには、文系的な成功の理論を身につけていかないと難しい」ということが言えるでしょう。

では、文系的な成功の理論とは、いったい何でしょうか。

一つは、今述べたように、知識・経験の蓄積《ちくせき》のなかから「珠玉《しゅぎょく》の智慧《ちえ》」を引き出してくる能力です。知識や経験のなかから、珠玉の智慧、すなわち極意《ごくい》やコツ、秘訣《ひけつ》などを抽出《ちゅうしゅつ》してくる能力です。

今まで経験したこと、読んできたこと、勉強してきたことのなかから、そういうコツのようなものをつかみ出してくる能力がある人は、次の指導者に変わ

生涯現役の秘訣 6

知識・経験の蓄積《ちくせき》のなかから「珠玉《しゅぎょく》の智慧《ちえ》」をつかみ出そう。

っていける人なのです。これは文系でも理系でも同じです。

「経営のコツ」「営業のノウハウ」に移っていった松下幸之助《まつしたこうのすけ》

先ほど本田宗一郎の話をしましたが、松下幸之助《まつしたこうのすけ》にも同じようなところがありました。

最初、彼は二股《ふたまた》ソケットをつくるあたりから始めたのですが、会社がどんどん大きくなり、従業員が一万人を超え、十万人を超えていったら、会社でやっている事業や開発しているものが、自分では分からなくなったようです。

ただ、「自分で製品を持ってみて、重さで判定する」というような勘《かん》だけはすごく残っていたらしく、「これは重すぎるなあ。この半分ぐらいの軽さにならんか」などと言っていたそうです。

松下幸之助は、こういうことは得意でしたが、だんだん「経営のコツ」や「営業のノウハウ」のほうに移っていきました。もともと理系で、二股ソケットをつくっていたところから、だんだん営業的なもののほうに移っていったわけです。それは禅問答《ぜんもんどう》的なものだと思うのですが、「経営の悟《さと》りの言葉」を出して人々を導き、説得していく能力がだんだん高まっていったのです。

例えば、以前、ビデオでは、ベータ方式とＶＨＳ方式の二つが走っていて、「どちらが勝つか」と、ずいぶん騒《さわ》がれていたことがありました。「ソニー型と松下（現パナソニック）型では、どちらがメジャーになり、シェアを取るか」ということで戦っていたわけです。

ただ、松下幸之助の言い方は、ソニーの人も参加する会議で、「いやあ、ソニーさんはすごいですなあ。おたくは百点満点ですわ。これはすごい出来です。

さすが技術のソニーです。ただ、うちは百二十点です」などとくるわけですから、人を腐《くさ》したりはしないのです。

「宣伝としては水道哲学《てつがく》、現実としては適正利潤《てきせいりじゅん》」という考え方

それから、松下幸之助は、「水道哲学《てつがく》」によって、「水道の水のように無限に供給すれば、どんどん安くなってタダ同然になる。他人の家で水道の水を飲んでも、『泥棒《どろぼう》』とは言われないだろう。同じように、機械など、いろいろな便利なものを発明して無限に供給していけば、社会は豊かになり、それらがタダ同然で使えるようになる」ということを言いながら、片方では「ダム経営」ということも言ったり、「きちんと適正利潤《てきせいりじゅん》を取らなければいけない」という哲学を出したりしています。

つまり、「宣伝としては水道哲学、現実としては適正利潤」ということで、きちんと原価に利潤を乗せて利益が出るようにしているのです。松下幸之助には、このような哲学を編《あ》み出して、営業させていく技術の力があったのです。

例えば、宣伝をするときには、「うちは水道哲学によって無限に安い供給をしているのです」と言うため、みんな、「すごいなあ。よい考えや哲学を持っているなあ」と感動するわけです。しかし、売るときには、「原価はこれだけかかっています。やはり、十五パーセントぐらいは利益が乗らないと、みんなに給料が払《はら》えませんから」と言って社員を納得《なっとく》させ、説得術を教えるのです。

このあたりの〝謎解《なぞと》き〟をするには、少し時間がかかるのです。話している本人は矛盾《むじゅん》しているところを知っているはずなのですが、聞いているほうは分からないので、そのあたりは実に巧《たく》みに考えていると思います。

このように、技術系出身の社長でも、「経営のコツ」「宣伝の文句《もんく》」「売り方」などを教える技術がだんだん高まってくるのです。そうすると会社が大きくなります。

ですから、技術的なもので、若い人たちについていけなくなっていても、指導をすることはできるようになってくるわけです。

松下幸之助《まつしたこうのすけ》が八十代半《なか》ばで始めた「松下政経塾《せいけいじゅく》」

また、晩年になると、子会社や、あまり関係がない関連会社をつくり、そちらのほうで迷惑《めいわく》をかけないようにしながら、本体が壊《こわ》れない範囲内で活動をし始めることがあります。

例えば、松下幸之助《まつしたこうのすけ》が松下政経塾《せいけいじゅく》をつくったのは、八十四、五歳ぐらいのときです。そのような塾は、私のほうがずっと早い年齢でつくっていますので、当会のHS政経塾のほうが長持ちすると思います。

また、松下政経塾には、首相になった野田佳彦《のだよしひこ》氏が第一期生で入っているのですが、その入塾式のときに、塾長の松下幸之助が「体調が悪い」などと言って出てきたため、「もう死ぬのではないか」と思われていたそうです。そのようなときに、松下政経塾を始めているわけです。

このように、松下幸之助が八十代半《なか》ばで松下政経塾を始めてから数十年がたち、今では多くの卒塾生が活躍《かつやく》しています。ただ、当初は週刊誌に悪口をたくさん書かれていました。卒塾生が十年ぐらい選挙に落ち続けていたので、「松下幸之助は、年を取ってボケたのだ」というような悪口をそうとう書かれていたのです。しかし、十年も耐《た》えると、だんだん国会議員が出るようになりました。

松下政経塾で教えていたノウハウは、「とにかく有名になれ」ということでした。それだけを繰《く》り返して、政治のノウハウは何も教えていないのです。「とにかく目立つことをやれ」「有名になれ」「自分で売り込め」ということしか言っていないわけです。それでも、十年もすれば、きちんと政治家が出てきています。

そんな状況《じょうきょう》を見れば、当会にはまだまだ余力があり、いろいろなことが可能なのではないかと思えてきます。

4 「シニア起業」の心構え

「東京オリンピック」を起点に上昇気流《じょうしょう》に乗るコースをつくる

最近では、「シニアからの起業」ということも流行《はや》っています。特に、退職金などを基礎《きそ》にして、新しく起業する人が増えていると思います。

また、安倍《あべ》首相は運がよくて、東京でのオリンピック開催《かいさい》が決定しました。

それに対して、テレビ朝日などは、「福島原発の汚染水《おせんすい》がまだコントロールできていない」と言って一生懸命《いっしょうけんめい》に意地悪《いじわる》をしていましたが、そういうところには、オリンピックの放送を禁止したらよいのです。

ともかく、その結果、二〇二〇年の東京オリンピックは、当会で述べている「ゴールデン・エイジ」とピタッと時期が合ってしまいました。おそらく、今後、日本は東京オリンピックあたりを起点にして、上昇気流《じょうしょう》に乗るコースをつくっていける可能性があるでしょう。

そういう意味で、オリンピック関連の仕事も含《ふく》めて、いろいろなかたちで発展していくものが増え、もう一度、国力の回復が見込《みこ》めるかもしれません。

心構え①──大きなことは狙《ねら》わず、堅実《けんじつ》なところから始める

そのなかで〝成功の波〟に乗れれば、シニア起業家として成功する人も出てくるとは思いますが、シニア以降に初めて会社をつくった場合には、そこから大企業《だいきぎょう》にするのはなかなか大変です。

やはり、自分一代で会社をつくって大企業にするには、スタート点が若くないと厳しい面があるので、シニアからの起業の場合は、あまり大きな規模は考えないことが大事です。すでにあるものを大きくすることはできますが、シニアからの起業の場合は、突如《とつじょ》、あまり大きなものを狙《ねら》ったりはしないことです。そして、あまり大きなお金儲《かねもう》けを考えすぎないでやったほうがよろしいと思います。

要するに、「勉強をしながら、仕事ができる」「好きなことをやって食べていける」「子供に小遣《こづか》いをもらわずに生きていける」というあたりが十分な条件でありますので、そのあたりで自分の分《ぶん》を知りながら、起業することが大事でしょう。

ただ、才能がある場合は、もう少し会社を伸《の》ばすことができると思います。

あるいは、「ほかの人とどういう組み方をするか」ということによっても、発展の仕方は違《ちが》うでしょう。

シニアから会社を始める場合には、ある程度の「手堅《てがた》さ」や「損切《そんぎ》り」を考えて、「退職金のなかから、これ以上は使わない」というところを決め、その会社が行けるかどうかの見極《みきわ》めをすることが大事です。

大きな借金をつくってまで起業することには厳しい面があるので、仕事を手堅くやりながら、だんだん軌道《きどう》に乗せていくことができ、これから後《のち》の第二の人生の生き甲斐《がい》になるようなものがつくれれば、幸いだと思います。

このように、手堅く、だんだん重ね塗《ぬ》りをするようにレベルを上げていくことが大事なのです。

あるいは、本当に会社が大きくなりそうであれば、若い人たちも入れて、次の世代を育てながらやっていくこともありえるでしょう。それなら、会社が大きくなる可能性はあります。ただ、自分の仲間たちだけで起業するのであれば、そんなに大きなことは狙わず、堅実《けんじつ》なところから始めていくことが大事だと思います。

心構え②──「知識・経験・ノウハウを使う仕事」の仕込《しこ》みをしておく

また、スタート資金の段階で仕入れが大きかったり、原価が高いものをやりすぎたりすると潰《つぶ》れやすい傾向《けいこう》があるので、できるだけ知識や経験、ノウハウのようなものが使えて、メーカーの工場のようなものを使わないでできる仕事を考えていくことが大事でしょう。

例えば、コンサルタント的な機能を持った仕事や、何らかのノウハウやコツによって付加価値を付けていくような仕事などがよろしいと思います。そして、シニア世代に入るころから、あるいはもう少し前から、そのための仕込《しこ》みを少しずつ進めていくことが大事なのではないでしょうか。

私もいろいろなものの仕込みはしているのですが、若いころは、映画で賞などをもらうようになるとは思っていなかったので、人生には、あとで何が効いてくるのか分からないところがあります。

ただ、興味関心のないことは結果を生まない、要するに、「果実を生むことはない」ということは知っておいてください。人によって遅《おそ》い早いはあるけれども、何らかの〝果実〟を実らせるためには、やはり仕込みの部分が要《い》るので、興味関心を持つ範囲《はんい》を少しずつ広げていくべきです。

そして、セミプロのレベルぐらいまでだんだんに上げていって、何らかの

〝果実〟を生むもの、あるいは事業化できるようなものがあるかどうかを考えておくことが大事です。

アイデアを中心にしている仕事は、なかなか涸《か》れないものがあります。そのあたりは、宗教に学ぶ者が長く仕事を続けていくために必要なことなのではないかと思います。

そういう意味で、勉強・研究には終わりがないわけです。

生涯現役の秘訣 7

「シニア起業」は、堅実《けんじつ》なところから始めよう。

5　若い人たちとの交流をしよう

若い人たちとの交流が情報源になってアイデアになる

ただ、だんだんに世代が代わっていきますので、若い人たちのことをあまり軽く見たり、バカにしたりしないことが大事です。

いつも私がよく言っていることですけれども、会社にいたときと同じように、自分より年が若い人に対して、「五歳《さい》も違《ちが》ったら、話ができない」という感じの扱《あつか》いをしているようでは朽《く》ちていくのみになりますので、自分より一《ひと》世代若い人、すなわち、三十歳若い人や四十歳若い人たちと交流することが大事です。

例えば、お茶を一杯《いっぱい》おごってあげるだけでも、若い人は十分にいろいろなことを話してくれます。金銭《きんせん》的には安いので、若い人を懐柔《かいじゅう》するのは簡単です（笑）。年寄りを接待すると大変ですし、お金がかかりますが、若い人の場合はとても安いのです。ちょっとした機会を設《もう》けてあげれば、十分に心を開いてくれます。

それから、若い人の「長所」を認めてあげることです。彼らは、ほめてあげたりすれば、いくらでもいろいろなことを話してくれます。話を聞いてあげたりすると、「いい人だなあ」と思って相談してくれたり、いろいろなことを言ってくれたりするのです。

これが情報源になってアイデアになりますので、シニア以降に仕事の面で成功を収めるためには、「若い人の頭のなかには何があるのか」ということを常に読み続けることが大事です。そのなかに、極《きわ》めて重要なヒントがあるのです。言いにくいことですが、私は自分と同世代の人たちとはあまり話をしないで、若い人たちとよく話をしています。やはり、ヒントは若い人たちのほうにあることが多いのです。二十代や十代ぐらいの人たちのなかにヒントが眠《ねむ》っていることが多く、彼らと話をしていると、ピーンとくることがたくさんあります。

それに比べて、私の同世代の人たちは愚痴《ぐち》っぽくてしかたがありません（会場笑）。そのため、彼らとあまり話をすると疲《つか》れてきて、気が滅入《めい》ってくるので、長時間の接触《せっしょく》は避《さ》けるようにしています（笑）。老後の心配ばかりしていたり、人の悪口ばかり言ったりしているので、あまり会いたくないことが多いのです。

逆に、若い人のほうは元気がよくて、感じがよいのです。話をすると、やる気がグーッと出てきます。

世界を目指す「幸福の科学学園」に行くと元気がもらえる

先日、私は、那須《なす》にある幸福の科学学園中学校・高等学校へ行って、学園祭を見てきました。那須塩原《しおばら》駅を降りてから、車で三十分もかけて山のなかへ入ると、一種の〝桃源郷《とうげんきょう》〟が出てくるのですが、そのなかで、生徒たちが「ワン・フォー・オール、オール・フォー・エル・カンターレ」と言って、学園祭をやっている姿を見ていたら、その思いが強く伝わってきたのです。

そのとき、私は、「この山のなかから、世界を目指しているのだ。本当に世界を目指してやってのけている」と実感しました。先ほど述べたように、私はヒューストン国際映画祭のトロフィーを頂きましたが、彼ら、彼女らは、すでにそういうトロフィーをもらっていたのです。那須の幸福の科学学園は、設立して三年数カ月なのに（二〇一三年九月時点）、すでにトロフィーがたくさんあったわけです（注。幸福の科学学園中学チアダンス部は、二〇一三年の世界大会で準優勝した。また、二〇一四年の国際大会では、中学チームは優勝して世界一になり、高校チームは準優勝を獲得した）。

東京にある中高一貫《いっかん》の名門進学校を出た私の秘書は、「私の母校は、歴史が百数十年ありますが、こういうトロフィーは二、三個ぐらいしか置いていなかったです」と言っていましたが、幸福の科学学園のほうは、設立三年ですでにトロフィーがたくさんある状態でした。

いずれにしても、学園生たちはみな、「勉強であろうと、スポーツであろうと、すべてが伝道だ」と思ってやっているのです。やはり、あの熱意には打たれます。私のほうが、かえって励《はげ》まされてしまって、「このようにやらなければいけない」と思いました。

ですから、シニアの方々が落ち込《こ》んだときには、幸福の科学学園へ行ったほうがよいと思います（会場笑）。そうすれば元気がもらえますし、「まだまだやれる！」という気がしてくるでしょう。

このように、「若い人たちとの接触」を忘れないようにしてください。

珠玉の言葉2

宗教は「天国に還《かえ》るための実学」

「宗教こそが、人生の集大成の学問である」ということです。

宗教というのは、実は、総合的な学問なのです。
宗教は、「虚学《きょがく》」ではなく、
人間があの世に還《かえ》る際の「実学」です。
宗教を学んでおかないと、
あの世に渡《わた》るときに実際に損をするので、
そういう意味での「実学」であるわけです。

晩年の総合的学問としての宗教は、
どのような業種の人、どのような系統の学問に進んだ人にとっても、
天国に入るための〝入学試験〟の準備として必要なものです。
宗教は、あの世において必要になることを数多く説いているので、
「宗教を学んでおかないと損である」ということを述べておきます。

『生涯現役人生』より

第3章

エイジレス成功法Q＆A

1　定年を迎《むか》える方へのアドバイス

Q1

私は、五十八歳《さい》の会社員で、定年まであと二年となりました。男性の場合、定年が近づくと、世間一般《せけんいっぱん》には、「人生の大半が終わった」というような捉《とら》え方をされると思います。

しかし、「生涯現役《しょうがいげんえき》」という主《しゅ》の御教《みおし》えもありますし、「まだ、これからも、主と教団を支えていきたい」という思いから、昨年、新しい会社を設立しました。

そこで、私と同じように、これから定年を迎《むか》える方、あるいは、定年を過ぎた方に対し、「未来に向かっての心構え」と「具体的な行動の指針」について、ご教示を頂ければと思います。

二〇一五年五月十六日、法話《ほうわ》「未来を引き寄せる着想力」

質疑応答より

愛知《あいち》県・幸福の科学 名古屋《なごや》記念館にて

定年が近づき焦《あせ》っていた父・善川三朗《よしかわさぶろう》

大川隆法　これは、とても重要な質問です。

当会の信者の平均年齢《ねんれい》は、おそらく、五十五歳前後ではないかと思うのですが、毎年、上がっていくため、本当のところは分かりません。

ただ、私より上の年齢層の人に向けた法が、あまり説かれていないのも事実です。それは、私が、「年を取ってから説こう」と思って、とっておいていたからなのですが、実際には、そのような法を必要としている方の数は多いでしょう。

一つには、私の気持ちが少し若いことも関係しています。

（質問者に）あなたは五十八歳になられたのですね。私は、今、あなたと同じ年ですが（収録当時）、気持ちが四十歳ぐらいなのです（笑）（会場笑）。〝年齢〟に差があるために分かりかねるものがありますが、やはり、五十八歳になられると、いろいろ大変だと思います。

普通《ふつう》は、六十歳ぐらいで定年なので、（質問者に）あなたの場合は、あと二年ですから、今は、かなり焦《あせ》るころでしょう。

私には、五十八歳の気持ちが分からないところがあるため（笑）、「自分の父親である善川三朗《よしかわさぶろう》が五十八歳のころは、「どうだったか」ということを、ときどき思い出し、考えます。

確か、父のころは、五十五歳で定年という時代でしたが、父は、「仕事がよくできる」ということで、いったん五十八歳まで定年を延ばしてもらえたのです。「それでもう終わりだろう」と思ったら、また二年延びました。つまり、六十歳まで延ばしてもらったわけですが、そこからさらに延長があり、最終的には六十二歳まで定年が延びたのです。

父は、いちおう、一級か何かのコンサルタント資格を持っており、「そのような人材は、なかなか得《え》がたい」ということで、三回ぐらい定年を延長され、六十二歳までは働いていられました。

それでも、やはり、定年の年代になると、父はそうとう焦っていたのです。

「仕事がなくなる。この先、どうしたらいいのか」と、かなり焦って、「何かしなければいけない」と言っては、すぐ飛びつくようなところはありました。

私が見る夢はいつも十代、二十代のころの自分

やはり、私には全然、その気持ちは分かりません（笑）。いまだに、どうしても、その年齢の〝境地〟に達しないので、まだ若いということなのでしょう。

私が見る夢は、いつも学生時代のころか、あるいは、在家《ざいけ》のころの夢です。それも、名古屋の支社に勤めていたころまでくると遅《おそ》いぐらいであり、二十代前半ぐらいの会社員のときの知り合いたちが、たくさん夢に出てきます。

今日（二〇一五年五月十六日）も、二つの夢を見たのですが、どちらも受験関係の夢を見てしまいました。

夜中の三時に目が覚めましたが、一回目の夢は、なんと、「Z会から、通信添削《てんさく》か何かの英作文の試験のようなものが返ってきた」というものです。「百点」がついていたため、「やはり、百点か。まあ、そんなものかもしれないな。私は、よくできるんだな」と思いました。

ところが、自分の答案だと思っていたのに、私の子供が出てきて、その子の答案のようになっているのです。「あれ？　私の百点だったはずなのに、子供の百点だったのかな？　どちらが百点を取ったんだ？」と、混同して分からなくなりました。一回目の夢はそういうものでした。

さらに、二回目の夢は、朝の五時半ぐらいに見ました。私は、英語だけではなく、いろいろな科目が入っている、社会人になるための資格試験のようなものを受けましたが、こちらは、ボロボロに間違《まちが》えていたのです。そのような内容の夢でした。

とにかく、二つとも、年齢的に見たら、「だいたい十七、八歳から二十二、三歳あたりの夢」だと思います。

（質問者に）申し訳ないのですが、もしかしたら、私とあなたは、四十ぐらいは年が違うかもしれないですね（会場笑）。

やはり、私の頭がまだ、そのあたりのところにあるのでしょう。私は、HSU（ハッピー・サイエンス・ユニバーシティ）や幸福の科学学園もつくっていますし、若い人たちと話をするのが好きで、彼らとよく話をしているため、そうなのかもしれません。

チャレンジ精神を持ち、勉強を続けていこう

さて、定年が近づいた人たちへの注意事項《じこう》は、幾《いく》つかあります。もちろん、一つは、世間のお仕着せの年齢で考えないことでしょう。だいたい、「こうなのだ」という刷り込《こ》みが入ってきて、自分も自己暗示にかかってきます。

例えば、「普通の人は、あと二年で仕事を辞《や》めなければいけないのだ。やはり、自分もそうなんだろうな」という感じになるわけです。また、病院などでは、医者がすぐに、「これは老化現象です」などと言うので、「そんなことを言わないでください！」と、自分の耳をふさがなければいけません。

本来、人は、思いの力によって若返ることはできるので、その人が、「自分には、まだやるべきことがあって、それに対する情熱を持っている」というか

ぎりにおいては、若者と同じ状態でいられるのです。

逆に、やることがなくなったら、人は老《お》います。つまり、情熱を失ったら老いていくので、やることがなかったら、基本的には、それを自分でつくっていくしかないでしょう。

過去にも述べましたが、五十代でもう一度学び直した人は、六十歳で朽《く》ち果てるようなことにはならず、それから先の人生がまだあるということです（前掲『生涯現役人生』参照）。

そういう意味で、人生のうちで何回か学び直さなければいけません。特に、学生時代に勉強したものは、だいたい三十歳を過ぎると消えていくため、社会の中堅層《ちゅうけん》に入っていく段階で、もう一回、勉強し直さなければいけないことがあるのです。

さらに、四十代、五十代で、もう一度勉強し直し、自分が次にやりたいことの準備に入っていくと、頭が活性化してきて、少しずつ進んでいく状態になります。幸福の科学総裁の〝年齢〟は若いわけですが、「高校生のようになり、Z会の英作文で百点をもらった夢を見て、喜んでいる」などというのは、お笑いに近い話でしょう。

ちなみに、今朝《けさ》、秘書に聞いてみたら、「先生は、以前、名古屋で法話《ほうわ》をされたときには、『ノーベル賞を二つもらった夢を見た』と言っていました」と言うのです（法話「平和と繁栄《はんえい》の条件」二〇一三年七月十四日収録）。それに比べると、ややレベルが落ちたかもしれません。「やはり、『ノーベル賞二つ』のほうがよかったかもしれないな。『受験の英語で百点』ぐらいでは足りなかったかな。少しレベルが下がったかもしれない」と思って、反省をしました（笑）。

いずれにせよ、「新しいものに対してチャレンジしていこう」という気持ちを、常に持ち続けることが大事です。

例えば、お父さんがそういうことをしていると、お母さんや子供たちまで、「パパは頑張《がんば》っているな」と思って、支援《しえん》する気持ちが湧《わ》いてきます。また、同僚《どうりょう》や周りの人など、いろいろな人が見ているので、チャレンジ精神を持って、実際に勉強を続けていると非常によいわけです。

もう一度、体を鍛《きた》え直す努力を

それから、もう一つは、「体は大事である」ということでしょう。体は、手入れをしなければ、基本的には駄目《だめ》になってくるものです。そこで、「弱ってきた」と思ったら、簡単な運動で構いませんから、〝リハビリ運動〟をしなければいけません。そうしないと、体はすぐに弱ります。鍛《きた》えていると、ある程度強くなりますが、やめるとピタッと止まってしまい、気がつけば何年かたっていたりすることがあるわけです。

私は、主に、去年の夏ごろから年末にかけて、「幸福の科学 大学シリーズ」の本をつくっていました。それは、けっこう大変なことで、二日に一冊ぐらいは書いていたという時期が続いたと思いますが、現在は、八十数冊の大学シリーズの本が発刊されています（収録当時。その後、九十六冊まで発刊）。

それについて、私の子供は、「鬼気迫《ききせま》る父親を三回見たことがあるけれども、（大学シリーズの発刊は）その三回目だ」と言っていました。

ところが、こうしたことをずっとしていたので、一時期、運動不足に陥《おちい》ってしまい、今年に入ると、少し歩いただけで筋肉痛が起き始めたのです。そこで、

「これはいけないな」と思い、三月ごろから、もう一回、巻き直しを始めました。

すると、四月ぐらいになって、二十代の秘書と一緒《いっしょ》に歩いた際、その秘書は息が上がってしまい、「速い！　ついていけない。階段を上がるときに、先生は全然速度が落ちない。タッタッタッタッと上がっていく。もう一度、体を鍛え直して、次は頑張ります」などと言っているような状態だったのです。

やはり、最初は、「抵抗《ていこう》ライン」というものがあり、少し体が弱っている状態から、運動を再開したときには筋肉痛などを起こしたりするため、なかなか思うようにできません。ただ、これに耐《た》えて運動していると、超《こ》えていけるようになって、また元の体力に戻《もど》ります。したがって、この「抵抗ライン」を超えるところまで粘《ねば》ることが大事です。

実は、成功するためには、体を鍛えるのと同じく、そういう忍耐力《にんたいりょく》も必要になります。それは非常に大事な要素の一つなのです。つまり、成功が実際に現れてくるまでの間に、そうした〝初動期間《しょどうきかん》〟があるので、この間、忍耐しなければいけません。

そういう意味で、新しいことにチャレンジすることと、もう一度体を鍛え直すことが大切なのです。

なお、運動は簡単なもので構いません。いちばん簡単なのは散歩でしょうけれども、それ以外にも、やったことのある運動、やり慣れた運動などがあれば、それを無理のない範囲《はんい》内で行い、もう一度、体をつくり直すことです。やはり、これはつくらないといけません。

ちなみに、私は説法《せっぽう》で一時間以上立つので、ここに来る前に足を揉《も》んでもらったのですが、「先生は、ものすごく筋肉がついていますね」と言われました。

そこで、「そうか? それは、そうだ。努力しているからね」などと答えたのですが(笑)(会場笑)、触《さわ》ってみればすぐに分かるものではあるでしょう。

また、やはり、体が衰《おとろ》えると、気力だけでなく知力も落ちます。要するに、血流が悪くなると、知力が落ちるのです。

仕事のなかに「錦《にしき》の御旗《みはた》」を掲《かか》げる

定年が近い方へのアドバイスとして、「新しいことに挑戦《ちょうせん》する力」と「体の大切さ」について述べました。

あなた(質問者)が会社をつくったときのように、第二の人生をつくるときには覚悟《かくご》が要《い》るでしょう。

ただ、若いころとは違って、見えている視野が広くなっていると思うので、やはり、仕事のなかに、多少なりとも「社会還元《かんげん》」というか、「世の中のためになるものを加えていく」ということを、「錦《にしき》の御旗《みはた》」として一つ掲《かか》げておくことです。そうすると、年齢相応の仕事としての意味合いが出てきて、周りからの賛同も受けやすくなると思います。

なお、私は、若い家内をもらってしまったために、「あと三十年働いてください」と言われており、あなた（質問者）の会社に就職したいぐらいです（笑）。三十年、私を雇《やと》ってくれますか（会場笑）。

家内からは、「三十年働いてください」と言われているため、三十年働けるように準備をしなければいけないわけで、本当に大変なのです。

また、マスターする語学として、十一種類ぐらい並べているのですが、今、三つ目のところあたりまで印《しるし》が付き始めているものの、まだかなりあります。これから、これらを全部、使えるところまで順番に学んでいこうとしているのです。

このように、毎年、私は、いろいろなジャンルについて、いつも新しい面を少しずつ少しずつ拓《ひら》いており、そういう意味で、だんだん〝頭〟は大きくなっている状態でしょう。とうとう大学（ＨＳＵ）ができるところまで、領域が広がってきています。

ともかく、夢を持って、情熱的に取り組むことが大切です。それから、毎日、自分を律して、繰《く》り返し鍛え直していく努力を続けることです。

人の寿命《じゅみょう》の二十年や三十年は、これで、どうにでもなります。たとえ、ほかの人が「六十歳で、まったく働けなくなった」などと言ったとしても、「勝手にどうぞ。そんなことは、私には関係ありません。川上《かわかみ》に向かってでも泳いでいきますよ」という感じでいたらよいでしょう。

これは、実際にやればよいのであって、「自分はこうだ」と決めれば、その方向に向かっていくことができるのです。

ぜひとも、「成功して、七十歳、八十歳のときに、『どうだい？ ほかにも、私の話を聞いてみるかい？』と言ってみよう」という気持ちを持ち、後進の者を育ててください。「七十歳、八十歳まで働かないと、世の中に迷惑《めいわく》がかかるよ。しっかりと頑張りなさい」と言える自分を、いつも描《えが》いていれば、きっと、そうなると思います。

具体的な内容については、アドバイスできなかったかもしれませんが、そういう気持ちで頑張ってください。これは、多くの人に言えることだと思います。

生涯現役の秘訣 8

散歩など簡単な運動で、もう一度、体を鍛《きた》え直そう。

2　シニア層にこそ必要な「霊界《れいかい》」の知識

Q2

今、総裁からたくさんの霊言《れいげん》を頂いておりますが、シニア層の方々のなかには、「霊言？　それは論外だ。信じられない」などと言う人もけっこういます。

情熱を込《こ》めて霊言の素晴《すば》らしさをアピールするための言葉や一転語《いってんご》がありましたら、ご教示ください。

二〇一三年九月十四日、法話《ほうわ》「シニア・リーダーの条件」

質疑応答より
東京都・幸福の科学 東京正心館《しょうしんかん》にて

「死後の世界」を知らない人が死んでから取る行動パターン

大川隆法　これは大事なポイントでしょう。

今、発刊された霊言集も二百冊を超《こ》えたかと思いますが（注。収録当時。二〇一三年六月時点で六百書を超える）、霊言集を出せば出すほど、効果として〝攻撃力《こうげきりょく》〟は増してはいるものの、もちろん反発するものも出てはきます。

要するに、「信じられない」と言う人にとっては、もっともっと、信じられないことの量が増えてきているので、当然、「もう、いいかげんにやめてくれ」

と言う人も出てくるわけです。こうした戦いがずっと続いており、厳しい状況《じょうきょう》ではあるのです。

ただ、現実問題として、例えば、八十歳《さい》の人が、あの世を信じず、自分の本体が霊であるということを信じていない場合、ほぼ〝終わり〟でしょう。「死んだあと、どこへ行くか」は、だいたい分かっています。

また、自分が何者かも分からず、どこにいるのかも分からず、どうしたらいいかも分からずに、必ず、その人の身内か、会社の関係者か誰《だれ》かに災《わざわ》いを起こすようになるのです。死んでから悪《わる》さをたくさんし始めるわけです。

それを止《と》めるのは大変なことであり、たいていの人は霊能者でもないので、生きている人は、それに対して、どうしたらよいかが分かりません。

ところが、万一《まんいっ》、その亡《な》くなった人が『地獄《じごく》の方程式』（幸福の科学出版刊）

的な内容を一片《いっぺん》なりとも理解していれば、説得の手がかりができます。

しかし、それをまったく理解しないで、はねつけていた人は、あの世で天使などに説得されても、全然聞こうとしません。この世で、それをまったく受け付けなかった人は、あの世でも受け付けず、それが百年、二百年とずっと続いていくのです。

また、そういう人が障《さわ》りをたくさん起こしてきて、この世のいろいろな不幸の原因の一つにもなっています。この世の人がちょっと魔《ま》が差して、さまざまな悪いことを起こす原因にもなっているのです。

要するに、死んだ人としては、自分は存在しているはずなのに、みんなが〝無視〟しているので、それが気に食わないわけです。そのため、交通事故を起こしてみたり、急に病気になる人を出したり、自殺する人を出したり、さまざまなところで不幸を起こして、自分が存在していることを教えようとしています。ただ、それは、正邪《せいじゃ》の判断がまったくつかない状態でしょう。

したがって、伝道する側としては、まず、この仕事の大切さを十分に理解しておくことが必要だと思います。「そういう人は、先行き大変なことになるのだ」ということを教えなければいけません。

「あの世への切符《きっぷ》」を手に入れる方法

また、宗教には、いろいろな種類があるため、シニア層以降の場合、必ずしも「幸福の科学でなければいられない」というような人ばかりではないでしょう。変な宗教もあることはあるので、そちらへ行ってほしくはないけれども、ある程度、確立した宗教であるならば、構わないかとは思います。

ただ、とにかく、「信仰心《しんこうしん》を持っていない」ということは、「あの世への切符《きっぷ》がない」というのと同じなのです。つまり、「死後、この世に留《とど》まるか、地獄に堕《お》ちるか」ですが、そういう人は、たいてい、この世に留まっていることのほうが多いと思います。そして、これは大変な災いを呼ぶのです。

これから、そういう人が増えてくるでしょう。高齢者人口《こうれいしゃ》が増え、若い人の数が少なくなってきて、高齢者がみんなこの世を去ります。その人たちの多くは、あの世を信じておらず、「本来の自分は霊体《れいたい》である。自分は霊だ」ということを信じていないのです。どうするのでしょうか。

要するに、そのへんのアパートやマンションで、遺《のこ》った家族などと〝同居状態《どうきょ》〟が続くわけです。

現実に、当会の東京正心館の近くは、墓場を潰《つぶ》してマンションをたくさん建ていますが、おそらく、「マンションに住んでいるうちに、〝いろいろな人〟も一緒に住んでいる」というケースは多いだろうと思います。

したがって、これについては、頑張《がんば》って説得しなければいけません。

「この世で、どこまであの世について悟《さと》れるか」という修行《しゅぎょう》課題

「外から見れば、霊言ではなく、きちんと書き下ろした本を出したほうがスマートに見える」ということは、私もよく分かっているのですが、「事実は事実、真実は真実」なので、教えないといけないでしょう。

そのため、「もしかしたら本当かもしれない」と思ってほしくて、できるだけいろいろな切り口から出しているのです。

ジャーナリストで、当会に親和的な気持ちを持っているような人でも、「幸

福の科学が述べている内容については共感するんだが、守護霊《しゅごれい》とか霊言とかいうのはやめてくれ」などという人もいます。

ただ、やめてもよいのですが、どうせ死んだあとにも勉強をしなければいけなくなることには変わりありません。このあたりは、「肉体に宿って修行《しゅぎょう》する者が、どこまで悟《さと》れるか」という修行課題なのです。

なお、これについては、先ほど述べた説得力の問題になるでしょう（本書第2章参照）。やはり、私一人の信用だけではないのです。そのために、教団というものができたのです。

大勢の信者には、それぞれの持っている信用があります。それぞれの仕事で得た信用や年齢、経験による信用、あるいは、家族等が持っている信用など、いろいろな信用があるのです。

「ああ、幸福の科学には、こんな立派な方も信者としているのか」というようにに、まず信用があって、その信用の周りに伝道が進んでいくわけです。だからこそ、組織が必要なのです。

霊界《れいかい》世界を熟知し、「無我《むが》の教え」を説いた釈迦《しゃか》

ただ、戦後の流れとしては、非常に悪い流れがずっと続いているので、これを何とか逆転させなければいけません。

私としては、霊言《れいげん》というかたちでなくても、発信できるものはたくさんあるのですが、あえて、今、霊言を数多く出しているのは、「あの世の証明」のためです。

今まで、「あの世の証明」をはっきりとできた人はいません。

例えば、仏教のなかにも霊的な宗派はあって、浄土真宗《じょうどしんしゅう》系などもわりと霊的ではありましょう。ところが、もし、死んであの世がなかったら、浄土真宗など成り立たないのです。「阿弥陀《あみだ》様が救いに来てくださる」といっても、あの世がなかったらどうするのでしょうか。

実際に、住職《じゅうしょく》たちであっても、「今の時代に、こんなことを信じる人が本当にいるのだろうか。阿弥陀様なんて見たこともないし、会ったこともない。誰も知らない。本当にいるんだろうか」などと思いつつ、儀式《ぎしき》としてやっています。その状態でお経《きょう》を上げられても、簡単に成仏《じょうぶつ》できるものではないでしょうが、本職でさえなかなか信じられないのです。

あるいは、禅宗《ぜんしゅう》などにも、あの世を否定したり、霊魂《れいこん》を否定したりする人がたくさんいます。道元《どうげん》が坐禅《ざぜん》の作法《さほう》ばかり教えて、中身についてあまり教えていないために、「作法ばかり言って、結局、唯物論的《ゆいぶつろん》になってしまう」というケースもあるのです。

それは、肝心《かんじん》なところを逃《に》げてしまっているからでしょう。「釈迦《しゃか》仏教は無我《むが》説だから、無霊魂で、唯物論だ」というように持ってくる哲学《てつがく》者的な仏教者もたくさんいます。しかし、「無霊魂を説く唯物論者が、六《ろく》大神通力《だいじんつうりき》を持っている」ということなどありえるわけがないのです。六大神通力とは、この世ならざる世界を知るための能力です。仏典《ぶってん》などには、それについて多くの記述があるにもかかわらず、それがつながっていないだけでしょう。

「無我」とは、無執着《むしゅうちゃく》の境地のことであり、つまり、「他人《ひと》に迷惑《めいわく》をかけるような、この世への執着を断《た》て」と言っているわけです。

釈迦は、この世から離《はな》れずに幽霊《ゆうれい》になって障《さわ》りを起こし、他人に迷惑をかけたり、苦しめたりしている人をたくさん知っていました。その幽霊になっている人のほとんどが、家への執着や職業への執着、財産への執着、あるいは、長男への執着やお嫁《よめ》さんへの執着などの、家族への執着を持っているのです。

そこで、釈迦は、「執着を断て」と教えていました。これは、本当に、霊界《れいかい》世界をよく知っているからこそ言っているわけであり、執着を離さないかぎり、あの世には還《かえ》れないのです。

あの世を知るきっかけとして出している霊言《れいげん》

しかし、「もう死んだのだから、この世を去らなければいけないのだ」と、いくら言っても納得《なっとく》しない人たちにとっては、この世しか住む場がないのでしょう。こういう人たちを、あの世に送らなければいけません。

そのための手段として「霊言《れいげん》」というものを行《おこな》っています。「霊という存在があるんですよ。あの世の世界が本当の世界なんですよ。これは、それを知るためのきっかけとして出しているんですよ」ということです。

もちろん、私は、霊言ではなく、通常の本も書き下ろせるのですが、あえて霊言を出しているのは、本当に救いのためなのです。知ってほしい人がいるからです。

「霊という言葉があるから怖《こわ》い。霊言という言葉が怖い。これだけ隠《かく》してくれればいいのに」と思う気持ちも分かるのですが、嫌《いや》でも、無理やり口を開けて押《お》し込まないと、〝飢《う》え死に〟する人もいます。〝点滴《てんてき》〟として打ち込まないといけない部分もあります。これが霊言の意味なのです。

こちらも、いちおう、反対する勢力というか、嫌《きら》う勢力が強くなってくるのを感じてはいるのですが、逆に、その分だけ影響《えいきょう》も与《あた》え続けています。

それは、結局のところ、みんなが、「あの世がある。善悪の世界がある」と分かることで〝困る人たち〟もいるということです。

つまり、実際に、この世に来て悪さをしている人たちにとっては、あの世はないほうが都合《つごう》がよく、みんなが、「あの世はない」と思っていると、いくらでも悪さができるのです。しかし、みんながそれを知ってしまうと、悪さができなくなってしまいます。ここが、いちばんのポイントなのです。

もちろん、理論書を読んで分かってくれる人もいるけれども、理論だけを読んでいると、「主を愛するということは、主と一体になることだ」といって、実際に、霊になって、霊子線《れいしせん》（肉体と霊体とを結ぶワイヤーのような線。シルバーコードとも呼ばれる）を付けたまま私の体のなかに入ってくるような人もいます。そういう意味で、理論書だけでは救われない部分が、どうしてもあるのです。

具体的に、「こういう現象がある」ということを教えないと、分からない人がたくさんいるため、いろいろな霊が出てきて、さまざまなことを言い、個性の違《ちが》いや考え方、表れ方の違いを見せているわけです。

宗教的なものをマイナスとは考えないのが世界の常識

これは戦いなので、しかたがありません。ただ、現代では、無視する勢力も強いものの、昔ほど荒《あら》っぽくもないのです。過去には、「すぐ殺しに来る」という時代も多くありました。

しかし、今は、それほど厳しくもない時代であるので、忍耐《にんたい》して押し広げていくことです。そうすると、どこかで、それを認める勢力が出てくるでしょう。

当会は海外でも認められているし、海外へ行けば、そもそも、「宗教的なものはマイナスではない」というところがたくさんあるわけです。

そのため、初めて行った国で、私の説法をテレビで生中継《なまちゅうけい》しているところまであります（注。二〇一一年にはインド・ネパール、二〇一二年にはウガンダに巡錫《じゅんしゃく》し、そこで行われた説法は、国営放送で生中継された）。

日本であれば、幸福の科学が費用を出していたテレビ番組（「未来ビジョン元気出せ！　ニッポン！」）に宗教関係の者が出ることもタブーであり、宗教法人幸福の科学の関係者、あるいは、幸福実現党の政党関係者を立てても、「テレビに出すと倫理《りんり》に反する」というようなことで、出演できなかったのです。

このつくり上げられた壁《かべ》の部分を、何としても打ち破《やぶ》らなければいけません。

これは世界の常識ではなく、「世界の非常識」なのです。

さらに、世界においては、映画などの芸術的な分野で、霊的な世界や神秘の世界を描《えが》いた作品というのは、本当は芸術性が高いにもかかわらず、日本では、それを、だいたいフィクションやファンタジーの世界で終わらせてしまって、なかなか実際のものだと考えないところがあります。

そのあたりを、何としても打ち破らなければいけないと思うのです。

真理を広げる仕事は、困難だからこそ値打ちがある

私がしている仕事は、徒労《とろう》に見える部分もあるかもしれませんが、人間、どこかで、「もしかしたら」と思うところはあります。

特に、最近、私が出している本のなかには、時事的なものもたくさん入れて

いますし、卑近《ひきん》なものとして、スターなど、そういう方の霊言も少し出していますが、これは、普段《ふだん》、宗教的真理にまったく触《ふ》れようとしない人たちに、何らかのきっかけを与えようとしているのです。「もしかしたら」と思って、手を出して読むチャンスをつくろうとしてやっています。このように、努力して広げているわけです。

「週刊新潮《しんちょう》」は、当会の霊言を評して、「イタコ芸だ」などと生意気《なまいき》なことを言っているかもしれません。それに対して、「では、日本に生き残っているイタコさん全員に当たりを付けて、幸福の科学が出している霊人《れいじん》を、出せるものなら出してみなさい。イタコさんが、本当に当会が出している内容と同程度のものを出せるのならば、私は感動してあげましょう。どうぞ出してください。英語でもやれるのなら、ついでにやっていただきたい」と言いたいのです。

青森《あおもり》や岩手《いわて》のイタコさんが、英語でマザー・テレサの霊言をやれるのならば、どうぞ、やっていただきたいと思いますが、実際にはできないでしょう。

いずれにしても、困難であるからこそ、実は、値打ちがあるのだということも知らなければいけません。今は反対している人たちが、やがて、私たちが困難を乗り越《こ》えてやっていることを評価する時代が来るのです。

五十年たって逆転した黒人解放運動の指導者の評価

私は、今朝《けさ》、ここ（東京正心館）に来る前に、『黒帯英語二段③』（宗教法人幸福の科学刊）の校正をしていました。それは、五十年ぐらい前に、アメリカの黒人のキング牧師《ぼくし》という人がなした有名な演説、“I have a dream《アイ　ハブ　ア　ドリーム》”（私には夢がある）について書かれたテキストを使っているものです。

アメリカは民主主義の国だけれども、約五十年前には黒人差別がはっきりとあって、黒人と同じバスに乗らないとか、同じ教室では勉強しないとか、同じ学校へ行かないとかいうことになっていました。

今の大統領も、ホワイトハウスのなかでは威張《いば》っているでしょうが、当時であれば、外に出てタクシーを止めようとしても、黒人ならば止まらず、通り過ぎていったでしょう。アメリカは、そのような国なのです。

そうした黒人差別をやめさせようとする運動（公民権《こうみんけん》運動）が、約五十年前に起こりましたが、そもそも、黒人解放運動を実際に応援《おうえん》したのは、日本に原《げん》爆《ばく》を落としたトルーマンでした。

彼は、「日本人は有色人種だから」という理由で、日本に原爆を落としたのですが、それに対して、少し反省が働いてきたわけです。「ドイツにはもとから落とす気がなく、日本には落とした」ということに反省が働き、懺悔《ざんげ》の気持ちがあったからか、黒人解放運動に協力しています。

したがって、日本が先の戦争で戦ったことが、アジアやアフリカの植民地の解放にもつながっていますが、実は、アメリカの黒人解放運動や移民の解放運動につながっていっているところもあるのです。

ただ、キング牧師が殺されていることを見ても分かるように、そのころは、反対を受けて殺されるところまでいく時代でした。ところが、五十年たったら、引っ繰《く》り返り、反対されていた人が偉人《いじん》として讃《たた》えられるようになっています。

この世の人間の愚《おろ》かさとは、そういうものなのです。

真実を求めている人は必ずいる

このように、困ったことではあるのですが、実際は、反対の強いものほど真実を秘めているものが多く、みんながスッと認めてくれるようなものならば、それほど大したものでもないということがあります。

そのため、厳しい状況のなか、霊現象を認めさせるには、私個人の「信用」と「能力」だけではなく、信者一人ひとりの持っている「信用」が効《き》くのです。あるいは、自分の信用が足りなくても、支部のなかには、もっと信用のある方がきっといるでしょう。その方に、「こういう人がいるので、ちょっと会ってもらえませんか」と言って一緒に陪席《ばいせき》してもらい、話をしてもらえばよいのです。

それが、年を取っている者の圧倒《あっとう》的な有利さであり、やはり年が上のほうが、人を説得しやすいというところはあるのです。

現在は、靖国《やすくに》問題もあって、九十代の入会者が、やたら増えてき始めています。九十三歳だとか、九十六歳だとか、そのような年齢の人が入会し始めており、「うれしいけれども、当会も、ずいぶん大きくなったものだな」と思いました。

先の戦争以降、ずっと苦しみ続け、迷っていて、どうにもならなかった人が、「やっと、この年になって真理に出会った」と言って、九十代で入ってきているのです。

要するに、彼らは（先の大戦についての）理論的説明を求めているのでしょう。テレビや新聞を見ると、「いったい、あれは何だったのだ？　本当に、日本人は悪人だったのか。悪いことをしたのか。反省しなければいけないのか」という気になるようなことが、たくさん言われています。

しかし、当会で説明を受けて、「初めて分かった」という九十代の人が、今、入ってき始めているのです。

いずれにしても、求めている人は確実にいるので、まず仲間を増やしていきましょう。そして、そのなかに信用のある人がいたら、その人たちにも、「力をお借りできませんか」とお願いすれば、伝道力は倍加すると思います。

これは真実であり、真実は強いものです。

ガリレオは、「それでも地球は動く」と言いましたが、私は、「それでも霊界はある！」と言わざるをえないでしょう。

生涯現役の秘訣 9

「あの世への切符」として、
「信仰心《しんこうしん》」を持とう。

3 巡礼行《じゅんれいぎょう》の意義や功徳《くどく》について

Q3 幸福の科学の「百歳《さい》まで生きる会」には、巡礼行《じゅんれいぎょう》として、全国の精舎《しょうじゃ》を巡礼する「子孫繁栄御百度参り祈願《しそんはんえいおひゃくどまいきがん》」、そして、全国で百支部を巡礼する「来世成仏御百度参り祈願《らいせじょうぶつ》」を頂いております。このような巡礼行の意義や功徳《くどく》について、教えていただければ幸いです。

二〇〇七年十一月二十五日、法話《ほうわ》「一流になる条件」質疑応答より

東京都・幸福の科学 池袋《いけぶくろ》支部精舎にて

年を取ると「体を鍛《きた》える」のは大切なこと

大川隆法　「百歳まで生きる会」の修行《しゅぎょう》をどうするか考えた際に、「とにかく、ボケないことも大事だろう」と思ったのです。また、旅行をするとボケないのですが、目的がない旅行はできないので、「修行を兼《か》ねている」という名目《めいもく》の旅行を考えました。

やはり、新しい人に出会ったり、新しい土地に行ったりして刺激《しげき》を受けると、活性化してきますのでボケません。さらに、「精進《しょうじん》の心が失われない」ことに加えて、「友達もできる」わけです。そのようなことを考えて、巡礼行をつくりました。

百カ所も回っていると、体が強くなるでしょう。本当に強くなると思います。したがって、巡礼行の目的の一つには、「体を鍛《きた》える」ということが入っているのです。

やはり、年を取っていちばん怖《こわ》いのは「足」です。だいたい、足が動かなくなったら終わりなのです。そういう意味で、「足が動いて旅行できる」というのはすごく大きいことでしょう。

足が動いているうちは、目も使えます。目が使えるということは、頭が動くということです。つまり、勉強ができるということなのです。

よく動くこと、よく歩くことで、目がしっかりして、頭も活発化して、勉強ができるようになります。だから、ボケないのです。

今、八十歳、九十歳になっても、かくしゃくとした人はたくさんいるでしょう。そういったあたりを狙《ねら》ってつくったものであり、本人にとって功徳があるものなのです。

もちろん、家族など、ほかの人に対しての祈《いの》りも兼ねてはいますが、だいたい、そのようなことが構想としては入っています。

実際、私も支部巡《めぐ》りをしていますが、なかなか百支部を回るとなると大変ですよ（会場笑）。そうとう体力を要しますので、百カ所を回るというのは、かなりの修行だと思います。

三十歳《さい》ぐらい年下の友達をつくるように努力する

また、友達ができるというのも非常に大事なことです。やはり、年を取っていちばん困るのは、友達がいなくなることでしょう。だんだん仲間が亡《な》くなっていくので、友達がいなくなるわけです。

ただ、幸福の科学の場合は、法友《ほうゆう》（真理を共に学ぶ仲間）という、ありがたい仲間がいます。年を取っても、共に道を同じくする人たちがいるのは、本当にありがたいことです。ぜひ、法友をつくっていただきたいと思います。

さらに言うと、六十歳《さい》以降の人は特にそうなのですが、自分より三十歳ぐらい年下の友達をつくるように努力してください。若い人を友達にすることです。若い人と気楽に話ができ、年齢《ねんれい》を超《こ》えて友達になるように意識して努力しなければ、やはり世の中の変化が見えなくなります。

どうか、「三十歳ぐらい年下の友達を持とう」という感じで、偉《えら》そうに言うのではなく、「三十歳ぐらい年下の友達と対等に付き合おう」という気持ちを持ってください。そうしたら、もっともっとよくなるでしょう。その際、教団にとっても「智慧《ちえ》の交流」が起きてきます。若い人と年配の人の智慧の交流が起きて、非常にいい状態になっていきますので、ぜひお願いしたいと思っています。

なお、私は、「百歳まで生きる会」のみなさんを十分に尊敬していますので、まだ、あまり手厳しいことを言えないのです（笑）。自分も八十歳ぐらいになったら、もっときついことを言えるかもしれません。「支部での修行が足りん！」などと言ってあげられるかもしれないのですが、今はまだ言えずに、優《やさ》しく〝放し飼い〟にしていますので（会場笑）、自主的に、自分たちのなすべきことを考えてくだされば幸いです。

生涯現役9つの秘訣

1 「三十歳《さい》年下の人」と友達になろう。

2 人生を「複線型」に考え、次のステップの準備をしよう。

3 「社会に貢献《こうけん》しつつ収入を得られる仕事」の研究をしよう。

4 医者が「治らない」と言っても、あまり信じてはいけない。

5 シニア・リーダーになるには「説得力」が大切。

6 知識・経験の蓄積《ちくせき》のなかから「珠玉《しゅぎょく》の智慧《ちえ》」をつかみ出そう。

7 「シニア起業」は、堅実《けんじつ》なところから始めよう。

8 散歩など簡単な運動で、もう一度、体を鍛《きた》え直そう。

9 「あの世への切符」として、「信仰心《しんこうしん》」を持とう。

あとがき

本書中でも述べているが、三十歳ぐらい年下の話し相手を持つことは大切だ。私も十代後半から、二十代の人たちの話に啓発《けいはつ》されることが多い。彼ら、彼女らから教わりつつも、またこちらから「賢《かしこ》い大人《おとな》になる方法」を少しずつ手ほどきしていくのも楽しみだ。

若い人たちの目のつけどころや洞察は鋭い。彼女らが、「キーラ・ナイトレーやナタリー・ポートマンが紫央《しお》さん（私の妻）に似ている。」と言うと、二人の女優について一通り研究したくなるのが私の性分《しょうぶん》だ。そして関連映画作品を研究していくと、新しい知見《ちけん》が開けていくといった具合《ぐあい》だ。

人間、若い頃は、自分の才覚や小成功《しょうせいこう》に酔うことも多いが、年輪《ねんりん》を重ねるごとに、自分の成功が他の多くの人々に成功をもたらすことを願うようになる。そして偉い人たちをたくさんつくりたくなる。『エイジレス成功法』の基本態度として、この考え方が大事だと肝《きも》に銘《めい》じておいたほうがよかろう。

二〇一五年　九月二日

幸福《こうふく》の科学《かがく》グループ創始者兼総裁《そうししゃけんそうさい》　大川隆法《おおかわりゅうほう》

『エイジレス成功法』関連書籍

『成功の法』（大川隆法 著　幸福の科学出版刊）
『神秘の法』（同右）
『生涯現役人生』（同右）
『地獄の方程式』（同右）
『ＡＫＢ48 ヒットの秘密』（同右）

『黒帯英語二段③』（大川隆法 編著　宗教法人幸福の科学刊）
『黒帯英語五段⑦』（同右）
※左記は書店では取り扱っておりません。最寄りの精舎・支部・拠点までお問い合わせください。

エイジレス成功法《せいこうほう》 ——生涯現役９つの秘訣——

2015年９月15日　初版第１刷
2023年６月30日　第５刷

著　者　大《おお》川《かわ》隆《りゅう》法《ほう》

発行所　幸福の科学出版株式会社

〒107-0052 東京都港区赤坂２丁目10番８号
TEL(03)5573-7700
https://www.irhpress.co.jp/

印刷・製本　株式会社 研文社

落丁・乱丁本はおとりかえいたします

ISBN978-4-86395-716-9 C0030

大川隆法 ベストセラーズ・生涯現役人生を目指して

老いて朽ちず

知的で健康な
エイジレス生活のすすめ

いくつになっても知的に。年を重ねるたびに健やかに――。著者自身が実践している「知的鍛錬」や「生活習慣」など、生涯現役の秘訣を伝授！

1,650円

私の人生論

「平凡からの出発」の精神

「努力に勝る天才なしの精神」「信用の獲得法」など、著者の実践に裏打ちされた「人生哲学」を語る。人生を長く輝かせ続ける秘密が明かされる。

1,760円

CD 夢人間

人々の心を癒し、魂を救済する音楽
大川隆法
Original Songs

作詞・作曲 大川隆法

発売 幸福の科学出版

詳細は
コチラ

いつまでも夢に溢れ、生涯現役を目指すシニア世代にすすめたい、明るいエネルギーに満ちたシニアのテーマ曲。

1,100円

※表示価格は税込10%です。

大川隆法 ベストセラーズ・信仰の奇跡

新復活

医学の「常識」を超えた奇跡の力

最先端医療の医師たちを驚愕させた奇跡の実話。医学的には死んでいる状態から〝復活〟を遂げた、著者の「心の力」の秘密が明かされる。

1,760円

公開霊言　ギリシャ・エジプトの古代神

オフェアリス神の教えとは何か

全智全能の神・オフェアリス神の姿がついに明らかに。復活神話の真相や信仰と魔法の関係など、現代人が失った神秘の力を呼び覚ます奇跡のメッセージ。

1,540円

イエス・キリストの霊言

映画「世界から希望が消えたなら。」で描かれる「新復活の奇跡」

イエスが明かす、大川隆法総裁の身に起きた奇跡。エドガー・ケイシーの霊言、先端医療の医師たちの守護霊霊言、映画原作ストーリー、トルストイの霊示も収録。

1,540円

幸福の科学出版

大川隆法 ベストセラーズ・人生成功のための指針

人生への言葉

幸福をつかむ叡智がやさしい言葉で綴られた書き下ろし箴言集。「真に賢い人物」に成長できる、あなたの心を照らす100のメッセージ。

1,540円

人格をつくる言葉

人生の真実を短い言葉に凝縮し、あなたを宗教的悟りへと導く、書き下ろし箴言集。愛の器を広げ、真に魅力ある人となるための100の指針。

1,540円

仕事への言葉

あなたを真の成功へと導く仕事の極意が示された書き下ろし箴言集。ビジネスや経営を通して心豊かに繁栄するための100のヒントがここに。

1,540円

※表示価格は税込10%です。

幸福の科学グループのご案内

宗教、教育、政治、出版などの活動を通じて、地球的ユートピアの実現を目指しています。

幸福の科学

一九八六年に立宗。信仰の対象は、地球系霊団の最高大霊、主エル・カンターレ。世界百六十八カ国以上の国々に信者を持ち、全人類救済という尊い使命のもと、信者は、「愛」と「悟り」と「ユートピア建設」の教えの実践、伝道に励んでいます。

（二〇二三年六月現在）

愛

幸福の科学の「愛」とは、与える愛です。これは、仏教の慈悲《じひ》や布施《ふせ》の精神と同じことです。信者は、仏法真理をお伝えすることを通して、多くの方に幸福な人生を送っていただくための活動に励んでいます。

悟り

「悟り」とは、自らが仏の子であることを知るということです。教学《きょうがく》や精神統一によって心を磨き、智慧《ちえ》を得て悩みを解決すると共に、天使・菩薩《ぼさつ》の境地を目指し、より多くの人を救える力を身につけていきます。

ユートピア建設

私たち人間は、地上に理想世界を建設するという尊い使命を持って生まれてきています。社会の悪を押しとどめ、善を推し進めるために、信者はさまざまな活動に積極的に参加しています。

海外支援・災害支援

幸福の科学のネットワークを駆使し、世界中で被災地復興や教育の支援をしています。

毎年２万人以上の方の自殺を減らすため、全国各地でキャンペーンを展開しています。

公式サイト **www.withyou-hs.net**

自殺防止相談窓口

受付時間　火～土:10～18時（祝日を含む）

TEL **03-5573-7707** メール **withyou-hs@happy-science.org**

視覚障害や聴覚障害、肢体不自由の方々と点訳・音訳・要約筆記・字幕作成・手話通訳等の各種ボランティアが手を携えて、真理の学習や集い、ボランティア養成等、様々な活動を行っています。

公式サイト **www.helen-hs.net**

入会のご案内

幸福の科学では、大川隆法総裁が説く仏法真理《ぶっぽうしんり》をもとに、「どうすれば幸福になれるのか、また、他の人を幸福にできるのか」を学び、実践しています。

入会

仏法真理を学んでみたい方へ

大川隆法総裁の教えを信じ、学ぼうとする方なら、どなたでも入会できます。入会された方には、『入会版「正心法語《しょうしんほうご》」』が授与されます。

入会ご希望の方はネットからも入会申し込みができます。

happy-science.jp/joinus

三帰《さんき》誓願《せいがん》

信仰をさらに深めたい方へ

仏弟子としてさらに信仰を深めたい方は、仏《ぶっ》・法《ぼう》・僧《そう》の三宝《さんぼう》への帰依を誓う「三帰誓願式」を受けることができます。三帰誓願者には、『仏説・正心法語』『祈願文《きがんもん》①』『祈願文②』『エル・カンターレへの祈り』が授与されます。

幸福の科学 サービスセンター
TEL 03-5793-1727（受付時間／火～金:10～20時 土・日祝:10～18時（月曜を除く））

幸福の科学 公式サイト
happy-science.jp

ハッピー・サイエンス・ユニバーシティ

Happy Science University

ハッピー・サイエンス・ユニバーシティとは

ハッピー・サイエンス・ユニバーシティ（HSU）は、
大川隆法総裁が設立された「日本発の本格私学」です。
建学の精神として「幸福の探究と新文明の創造」を掲げ、
チャレンジ精神にあふれ、新時代を切り拓く人材の輩出を目指します。

人間幸福学部　経営成功学部　未来産業学部

HSU長生キャンパス TEL **0475-32-7770**
〒299-4325　千葉県長生郡長生村一松丙 4427-1

未来創造学部

HSU未来創造・東京キャンパス
TEL **03-3699-7707**
〒136-0076　東京都江東区南砂2-6-5

公式サイト **happy-science.university**

学校法人 幸福の科学学園

学校法人 幸福の科学学園は、幸福の科学の教育理念のもとにつくられた教育機関です。人間にとって最も大切な宗教教育の導入を通じて精神性を高めながら、ユートピア建設に貢献する人材輩出を目指しています。

幸福の科学学園

中学校・高等学校（那須本校）
2010年4月開校・栃木県那須郡（男女共学・全寮制）
TEL **0287-75-7777** 公式サイト **happy-science.ac.jp**

関西中学校・高等学校（関西校）
2013年4月開校・滋賀県大津市（男女共学・寮及び通学）
TEL **077-573-7774** 公式サイト **kansai.happy-science.ac.jp**

教育事業　幸福の科学グループ

仏法真理塾「サクセスNo.1」

全国に本校・拠点・支部校を展開する、幸福の科学による信仰教育の機関です。小学生・中学生・高校生を対象に、信仰教育・徳育にウエイトを置きつつ、将来、社会人として活躍するための学力養成にも力を注いでいます。

TEL 03-5750-0751（東京本校）

エンゼルプランV

東京本校を中心に、全国に支部教室を展開。信仰をもとに幼児の心を豊かに育む情操教育を行い、子どもの個性を伸ばして天使に育てます。

TEL 03-5750-0757（東京本校）

エンゼル精舎

乳幼児が対象の、託児型の宗教教育施設。エル・カンターレ信仰をもとに、「皆、光の子だと信じられる子」を育みます。

（※参拝施設ではありません）

不登校児支援スクール「ネバー・マインド」

TEL 03-5750-1741

心の面からのアプローチを重視して、不登校の子供たちを支援しています。

ユー・アー・エンゼル!（あなたは天使!）運動

障害児の不安や悩みに取り組み、ご両親を励まし、勇気づける、障害児支援のボランティア運動を展開しています。

一般社団法人 ユー・アー・エンゼル

TEL 03-6426-7797

NPO活動支援

学校からのいじめ追放を目指し、さまざまな社会提言をしています。また、各地でのシンポジウムや学校への啓発ポスター掲示等に取り組む一般財団法人「いじめから子供を守ろうネットワーク」を支援しています。

公式サイト mamoro.org　ブログ blog.mamoro.org

相談窓口 TEL.03-5544-8989

幸福の科学

百歳まで生きる会～いくつになっても生涯現役～

「百歳まで生きる会」は、生涯現役人生を掲げ、友達づくり、生きがいづくりを通じ、一人ひとりの幸福と、世界のユートピア化のために、全国各地で友達の輪を広げ、地域や社会に幸福を広げていく活動を続けているシニア層（55歳以上）の集まりです。

【サービスセンター】TEL 03-5793-1727

シニア・プラン21

「百歳まで生きる会」の研修部門として、心を見つめ、新しき人生の再出発、社会貢献を目指し、セミナー等を開催しています。

【サービスセンター】TEL 03-5793-1727

幸福実現党

内憂外患《ないゆうがいかん》の国難に立ち向かうべく、2009年5月に幸福実現党を立党しました。創立者である大川隆法党総裁の精神的指導のもと、宗教だけでは解決できない問題に取り組み、幸福を具体化するための力になっています。

幸福実現党　党員募集中

あなたも幸福を実現する政治に参画しませんか。

＊申込書は、下記、幸福実現党公式サイトでダウンロードできます。
住所：〒107-0052
東京都港区赤坂2-10-8 6階 幸福実現党本部

TEL 03-6441-0754　FAX 03-6441-0764
公式サイト hr-party.jp

HS政経塾

大川隆法総裁によって創設された、「未来の日本を背負う、政界・財界で活躍するエリート養成のための社会人教育機関」です。既成の学問を超えた仏法真理を学ぶ「人生の大学院」として、理想国家建設に貢献する人材を輩出するために、2010年に開塾しました。現在、多数の市議会議員が全国各地で活躍しています。

TEL 03-6277-6029
公式サイト hs-seikei.happy-science.jp

出版 メディア 芸能文化 幸福の科学グループ

幸福の科学出版

大川隆法総裁の仏法真理の書を中心に、ビジネス、自己啓発、小説など、さまざまなジャンルの書籍・雑誌を出版しています。他にも、映画事業、文学・学術発展のための振興事業、テレビ・ラジオ番組の提供など、幸福の科学文化を広げる事業を行っています。

アー・ユー・ハッピー?
are-you-happy.com

ザ・リバティ
the-liberty.com

幸福の科学出版
TEL **03-5573-7700**
公式サイト **irhpress.co.jp**

THE FACT

YouTubeにて随時好評配信中!

ザ・ファクト
マスコミが報道しない
「事実」を世界に伝える
ネット・オピニオン番組

ザ・ファクト 検索

NEW STAR PRODUCTION

ニュースター・プロダクション

「新時代の美」を創造する芸能プロダクションです。多くの方々に良き感化を与えられるような魅力あふれるタレントを世に送り出すべく、日々、活動しています。 公式サイト **newstarpro.co.jp**

ARI Production

ARI《アリ》 Production《プロダクション》

タレント一人ひとりの個性や魅力を引き出し、「新時代を創造するエンターテインメント」をコンセプトに、世の中に精神的価値のある作品を提供していく芸能プロダクションです。 公式サイト **aripro.co.jp**

大川隆法　講演会のご案内

大川隆法総裁の講演会が全国各地で開催されています。講演のなかでは、毎回、「世界教師」としての立場から、幸福な人生を生きるための心の教えをはじめ、世界各地で起きている宗教対立、紛争、国際政治や経済といった時事問題に対する指針など、日本と世界がさらなる繁栄の未来を実現するための道筋が示されています。

2022年7月7日 さいたまスーパーアリーナ
「甘い人生観の打破」

2019年7月5日 福岡国際センター
「人生に自信を持て」

2019年10月6日 ザ ウェスティン ハーバー キャッスル トロント(カナダ)
「The Reason We Are Here」

2011年3月6日 カラチャクラ広場(インド)
「The Real Buddha and New Hope」

2019年3月3日 グランド ハイアット 台北(台湾)
「愛は憎しみを超えて」

講演会には、どなたでもご参加いただけます。
最新の講演会の開催情報はこちらへ。⟹ 大川隆法総裁公式サイト https://ryuho-okawa.org